走向未来的学校

校本治理的理念与操作策略

岳金辉　著

中国言实出版社

图书在版编目(CIP)数据

走向未来的学校：校本治理的理念与操作策略 / 岳
金辉著. -- 北京：中国言实出版社，2022.7
ISBN 978-7-5171-4236-2

Ⅰ.①走… Ⅱ.①岳… Ⅲ.①中学—学校管理—研究
Ⅳ.①G637

中国版本图书馆 CIP 数据核字 (2022) 第 110685 号

走向未来的学校——校本治理的理念与操作策略

责任编辑：王建玲
责任校对：郭江妮

出版发行：中国言实出版社
　　　　　地　址：北京市朝阳区北苑路180号加利大厦5号楼105室
　　　　　邮　编：100101
　　　　　编辑部：北京市海淀区花园路6号院B座6层
　　　　　邮　编：100088
　　　　　电　话：010-64924853（总编室）　010-64924716（发行部）
　　　　　网　址：www.zgyscbs.cn　电子邮箱：zgyscbs@263.net

经　　销：新华书店
印　　刷：三河市华东印刷有限公司
版　　次：2022年9月第1版　2022年9月第1次印刷
规　　格：710毫米×1000毫米　1/16　14.75印张
字　　数：182千字

定　　价：68.00元
书　　号：ISBN 978-7-5171-4236-2

序

　　我和金辉校长最早相识于 2004 年，正值母校阳信一中百年校庆，我应邀参加庆典。其间，我和来宾们一道参观了母校，朴素的校园环境、浓郁的文化氛围、严格精致的管理，给我留下了深刻的印象。当年，学校有两名学子被清华大学录取，教育质量综合评估在全市名列前茅，我欣慰地看到了母校富有校本特色的管理理念和生动实践。

　　后来随着交往的增加，我对他有了更全面、深刻的了解：这是一位有思想、有追求、有激情、有行动的校长。他带领学校不断追求卓越，在学校、教师和学生成长的同时，他本人也在不断行走和成长着——在繁忙的管理事务之余，他攻读了硕士、博士学位，成为在全省有广泛影响力的校长和教育领域的创新人物。

　　中学管理和大学管理有许多相通的地方。我粗略地通读了书稿，研读了部分重点章节，感到本书有以下三个特点：一是在借鉴中创新。本书虽然借鉴了国内外大量文献，但在讨论校本治理理论问题时有深度、有创新，创造性地提出了"校本治理""校本文化"等概念，形成了新的框架体系。二是逻辑清晰，可操作性强。全书对一些基本概念进行理论分析，特别重视理论体系的构建，每一章都有内在的逻辑性，对理论、概念的梳理清晰、明确，组成了新的概念体系，同时结合自己二十多年的校长工作实践，把理论运用到学校的具体情景中，突出对案例的选用和分析，初步将我国优秀中学的办学经验总结为管理知识，充实、丰富了我国基础教育管理理论。三是现实性与前瞻性相结合。我国实行中小学校长负责制已有三十多年的历史，是校本治理的现实基础。本书以我国基础教育课程改革、全面推进素质教育为背景，探索适应我国学校管理改革需要的校本治理理论和方法体系。随着现代信息技术的发展，给学校管理带来了新的发展机遇和挑战，将现代信息技术应用于教育全过程，正在成为教育改革的重要方向和潮流，"互联网+"正在引发教育领域的深刻变革，实现差异化教学、个性化教学以及精准化教学，着力构建智慧教育新生态正在成为新的教育追求，本书对未来学校的发展进行了建构和展望。

教育是心灵与心灵的沟通、灵魂与灵魂的交融、人格与人格的对话。本书基于他个人的研究与实践，阐述了校本治理的内涵、意义、理念及其操作策略，还从现代学校制度与校本文化建设等角度介绍了若干保障机制。金辉校长的可贵之处在于其坚持理想、勇于实践，努力探索与追求，努力把教育实践的点点滴滴，升华为一种教育思想、一种行为模式、一种生活习惯。

"大德不官，大道不器。"作者从自身教育实践出发，理论与实际紧密结合，为我们洞察教育治理未来发展提供了新的视角和有价值的思考，相信这部新作的出版，会对其他学校实施素质教育、加强学校管理、提高教育质量具有一定的借鉴和启示意义。

是为序。

张志民

山东艺术学院原院长、博士生导师

目 录

绪　论

校本管理（School-based Management，SBM）是 20 世纪 60 年代发起于西方的教育管理改革运动，其主要思想是实行教育管理权力下放，减少对学校的行政干预，使学校管理由外控式、专制型向内控式、参与型转变。校本管理倡导立足学校、以人为本、多元参与、共同决策的理念，以提高学校管理效能、促进共同发展为目标，把学校作为管理决策的主体，通过提高学校管理效能和发展学校特色来提高教育质量，以适应环境变革和经济社会发展的需要。

教育的本质追求是促进人的自由全面的发展，而"应试教育"下的"千校一貌"的办学模式和"万生一面"的人才培养模式，忽视学生个性和能力的培养，把升学当作唯一奋斗目标，缺乏特色、自主权力和应变能力，这与新时代社会发展对教育的需求不相适应。面对这样的发展困境，赋予学校自主发展的权利，提高学校内部的自我管理能力，对于提升学校办学主体的积极性与创造性，增强学校的办学活力有着十分重要的意义。

一、实施校本治理的意义

学校管理是指在一定的理论指导下，管理者通过一定的组织机构、制度、手段和措施，有效实现学校工作目标的组织活动。在社会转型加快、用人需求多变、办学目标多元等大背景下，学校管理面临着许多挑战，加之管理对象主要是"人"，使得学校管理的复杂性和艰巨性越来越大。

基础教育质量直接关系到一个国家的发展和民族的兴衰。评价一个国家的基础教育，一要看其教育质量，二要看其管理效率。而管理效率的高低直接影响到教育质量。受现代管理理论及模式在企业取得成功的影响，人们逐渐意识到教育质量的提高必须改革学校的管理体制和组织结构，当今世界范围内兴起的校本管理运动正是这一管理方式处于变革中的证明。本书所采用的"校本治理"是对校本管理的继承和超越，随着我国中小学管理体制改革的深化，进一步推进校本治理，具有重要的现实意义。

（一）提高教育教学质量的必然选择

传统教育管理模式下，校长虽然是学校法定代表人，但在资源运用上权力较小，学校还不是真正意义上的办学主体，而是教育行政部门的下属单位，人事权、财务权等均归政府所有，致使学校缺乏办学活力，学生的个性和创造性得不到充分激发，教育质量得不到有效保障。教育行政部门放权于学校后，就会有更多的精力做好本行政区的教育统筹规划，为学校的发展提供更优质的资源与服务，打造更加宽松自主的教育环境。

从世界范围来看，社会对教育质量的期盼，导致了以下放权力为特征的"校本管理"的产生，通过扩大学校自主权来提高教育质量。我国经济和社会发展对教育改革提出了新的要求，2001 年《国务院关于基础教育改革和发展的决定》明确提出"实行国家、地方、学校三级课程管理""学校可开发或选用适合本校特点的课程"，这有利于克服课程集中管理的弊端。课程改革能不能深入发展，教育质量能否得到提高，关键在于学校层面的落实，优质的校本课程是学校的名片，有利于特色学校的打造、教师的专业发展、学生的个性发展。新时代的基础教育，追求培养公民基本素质和健全人格，聚焦学校，关注校本，顺应教育民主化和大众化的趋势，成为教育改革关注的重点。因而，实施校本管理是开展基础教育课程改革、全面推进素质教育、提高教育质量的必然选择。

（二）建立现代学校制度的必由之路

新中国成立以来，我国学校管理体制有过几次影响深刻的重大变革。新中国成立之初，学习苏联经验，实行高度集中的学校管理体制。1958 年，实行下放学校管理权力与中央集权相结合的原则，加强地方对学校的管理。十一届三中全会以来，学校管理体制改革进入了一个新的时期，1985 年《中共中央关于教育体制改革的决定》、1993 年《中国教育改革和发展纲要》和2001 年《国务院关于基础教育改革与发展的决定》的颁布，对中央、地方和学校管理权限及其运作进行了调整，"政府要转变职能，由对学校的直接行政管理，转变为运用立法、拨款、规划、信息服务、政策指导和必要的行政手段，进行宏观管理""中等以及中等以下的各类学校实行校长负责制""积极推进以人事制度和分配制度的改革为重点的学校内部管理体制改革"。《国家中长期教育改革和发展规划纲要（2010—2020）》明确提出"建立现代学校制度"的教育改革发展方向，"探索适应不同类型教育和人才成长的学校管理体制与办学模式，避免千校一面"，"落实和扩大学校办学自主权"。[1] 从某种程度来说，学校有特色是时代的呼唤，也是深化教育改革的必然趋势。

我国中小学实行校长负责制以来，校长居于学校领导和管理工作的核心位置，极大提高了学校的管理效率。但由于现行学校制度中缺少对校长的有效制衡与监督，部分校长缺乏自主和民主意识，使学校其他成员难以有效介入学校的管理工作。校本治理不仅强调政府要将权力下放到学校和校长，同时倡导校长在校内"二次分权"，给予全校教职员工、社区、学生及家长参与学校管理事务的权力与机会，充分调动其工作的积极性与主动性，激发教师教学与管理的创造性，有利于学校民主机制建设和自主环境的营造，有利于建立现代学校制度。[2]

---

[1] 国家中长期教育改革和发展规划纲要（2010—2020）[M]. 北京：人民出版社，2010.

[2] 周西西. 我国中小学自主管理的问题研究 [D]. 上海：华东师范大学，2016: 13.

（三）实现资源优化配置的必然趋势

中小学校长负责制实施以来，我国基本完成了基础教育管理的权责由中央向地方转移，但就整体而言，地方教育行政部门对学校的科层化和集权式管理模式还没有出现根本性改变。为进一步提高学校管理水平和效益，充分调动学校办学的积极性和主动性，权力下放、优化资源配置是十分必要的，而这些正是校本治理的内涵。通过权力下放，学校可以拥有财政预算、资源配置、人事管理等方面的决策权，提高学校整体教学和管理的有效性。

学校自主发展的实质是学校自身自主性的提高，是学校自主意识的唤醒、自主能力的提升、自主精神的张扬，是学校主动、自觉地利用外部赋予的条件、机会和资源来确立明确的目标，合理使用自己的权力，不断自我调整、协调、完善、变革学校内部的理念、关系、结构、规则和环境，使学校成为一个真正促进在其中生活、学习、工作的人的自主发展的生机勃勃的地方。[3] 强化学校特色，突出一所学校的优势与实力，学校可以从本校的实际状况出发，根据自己的办学优势，遵循教育发展规律，自主确定学校发展方向和办学特色，充分发挥全校师生的主体意识和创造精神，发展独具特色的学校文化，实现学校的特色发展和可持续发展，从而避免出现"千校一面"的现状。从这个意义上讲，校本治理为学校独立自主地优化配置资源提供了发展空间，使学校决策更具有针对性和实效性。学校是真正进行教育的地方，是教育改革的基点，是教育的中心与灵魂。

（四）实现由教育家办学的必然要求

教育家办学是新时代学校教育的新诉求，实现这一诉求的当务之急是变革学校教育制度，努力构建教育家成长的环境，校本治理可以激发学校内部

---

[3] 刘仁镜,翟博.现代学校制度与治校方略 [M]. 北京：开明出版社,2005: 14.

改革与发展的动力。教育的终极取向是因材施教，学校管理要回归科学与艺术的本真。当前，学校管理工作体现出"重管轻理"倾向，学校教育亟须"经营"，教育管理亟须智慧，校长办学亟须思想。校长经营一所学校的要务，并不在于管好教师、学生，而是在于如何将校园建设成师生共成长的精神家园，这就要求校长要具备高超的管理艺术和富有亲和力的人格力量，所以，学校管理呼唤着具有高尚人格魅力的教育家，以情感为内涵构建学校发展的良好生态环境。

教育家办学的真正意义，就在于促使学校能够按照科学的规律办学，能够办出有思想、有文化、有特色、有质量的学校，满足人民对高质量教育的需要。方展画教授呼吁教育改革要"推进现代学校制度建设，为教育家的成长提供有用武之地的实践平台"。他指出，"必须尽快诉诸现代学校制度建设，在管办分离的原则下推进政校分开，让具有独立法人代表地位的一校之长能在民主监督、社会参与的法治环境下真正做到依法办学、自主管理"，"让有思想的校长能实践自己的主张，让有抱负的校长能实现自己的追求，让有创新能力的校长能拥有用武之地，让有内涵的学校在特色办学的道路上竞放异彩。唯有如此，才能催生出一批教育家，才能实现'教育家办学'的愿景"。[4]实施校本治理，要求校长按照教育家办学的理念，增强决策意识和自律行为，走以提高质量为核心的内涵式发展道路。

二、校本治理模式与策略

管理模式是指治理主体所采用的基本思想和方式，是指一种成型的、能供人们直接参考运用的完整的管理体系，通过这套体系来发现和解决管理过程中的问题，规范管理手段，完善管理机制，实现既定目标。[5]校本治理模

[4] 方展画."教育家办学"的诉求与教育改革的取向 [N]. 中国教育报, 2010-4-6(4).

[5] 黄卫伟, 李春瑜.EVA 管理模式 [M]. 北京 : 经济管理出版社, 2005: 2.

式是学校管理者对在实施校本治理过程中所需的人、财、物、事、时间、空间、信息等因素进行计划指导、组织实施、领导评价等，以保证治理目标的实现。

校本治理策略是学校对学校治理过程进行目标定位所运用的手段、方法等，以保证校本治理目标的实现。校本治理与校本课程、校本教研、校本培训、校本治理体系和校本文化结合在一起，共同构成了"校本"系统。在整个"校本"体系中，校本教研是起点，校本培训是中介，校本课程的开发是落脚点，而校本治理体系和校本文化则是前提和保障，贯穿渗透于它们之中，起着协调、组织、规范的作用。

（一）研究的基本思路

本书首先在全面搜集国内外与校本管理有关文献资料的基础上，从宏观的层面上介绍了校本管理的理念，包括校本管理的发展历程、基本内涵、基本模式及对我国教育改革产生的影响等，为实施校本治理提供了一个具有可操作性的理论平台。然后以我国基础教育课程改革、全面推进素质教育为背景，通过对现代学校制度、校长领导力、校本文化、校本课程、校本教研和校本培训等的分析探讨，提出了校本治理的操作策略，探索适合我国中小学实际的校本治理规律，旨在为普通中小学的发展打开新的视野、提供一些借鉴。

（二）主要研究方法

1. 文献研究法

本书通过网络检索搜集了国内外中小学教育管理体制改革的相关文献，查阅了从 20 世纪 90 年代至今国内的有关校本管理的研究论著，一部分国家及地区关于校本管理的研究资料，以及有关校本管理实践探索的介绍，并对相关材料进行了分析整合，梳理出校本管理的新理念、新思想和新方法。通过对比国外的校本管理思想与模式，透析现实中我国学校的管理问题，分析问题并构思写作。

2. 行动研究法

本书力求把校本治理置于一个自然、真实、动态的具体教育情境下，综合运用多种研究方法与技术，是"在行动中研究""为研究而行动""行动者的研究"，体现出鲜明的行动研究的特征，通过"行动——反思——再行动——反思"的循环过程，提出解决实际问题的措施，努力探索出适应中小学当下及未来发展的校本治理策略，使研究更具效度。本书试图通过对笔者曾任职的学校管理模式进行全面解析，为当今我国中小学校本治理提供某些启示。

（三）技术路线图

实施校本治理，赋予学校自主发展的权利，提高学校自主管理能力，对于落实中小学办学主体地位，增强学校发展动力，加快建设现代学校制度，充分激发广大校长教师教书育人的积极性创造性，形成学校活力竞相迸发的良好局面，具有重要的意义。本书研究的思路如图1所示。

```
                        ┌──────────┐
                        │ 校本治理 │
                        └────┬─────┘
         ┌───────────────────┴───────────────────┐
    ┌────┴─────┐                             ┌────┴─────┐
    │ 基本理念 │                             │ 基本模式 │
    └────┬─────┘                             └────┬─────┘
         └───────────────────┬───────────────────┘
              ┌──────────────┴──────────────┐
              │   国内外研究及实践探索现状   │
              └──────────────┬──────────────┘
         ┌───────────────────┴───────────────────┐
    ┌────┴─────┐                             ┌────┴─────┐
    │ 权责下放 │                             │ 多元共治 │
    └──┬────┬──┘                             └──┬────┬──┘
   ┌───┴┐ ┌─┴──┐                          ┌────┴┐ ┌─┴──┐
   │职责│ │权力│                          │权力 │ │章程│
   │定位│ │分配│                          │共享 │ │制度│
   └──┬─┘ └─┬──┘                          └──┬──┘ └─┬──┘
```

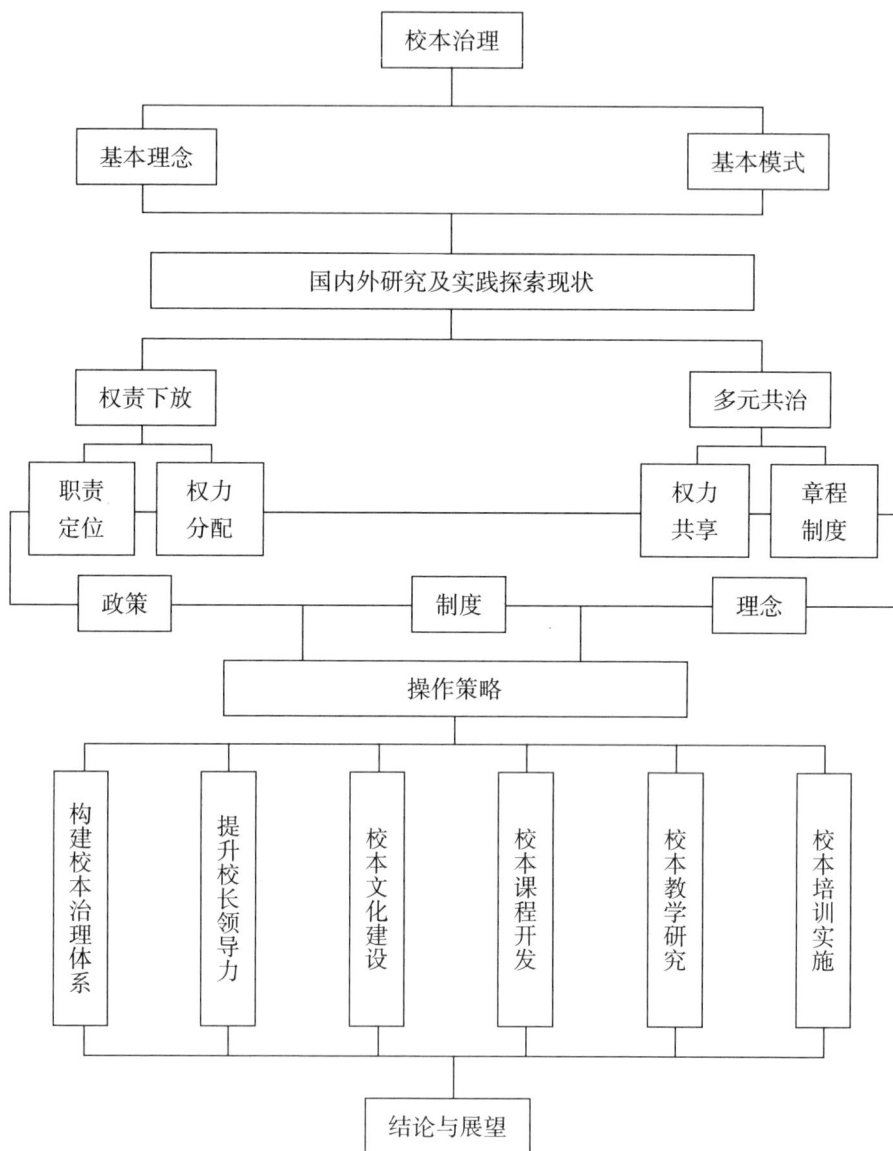

图1 技术路线图

三、从校本管理走向校本治理

21 世纪初，美国教育家萨乔万尼在《教育的治理与管理》中首次提出了教育治理（Educational Governance）的概念。[6] 在教育治理的基础上，本书提出校本治理（School-based Governing）的概念。校本治理是对校本管理的继承和超越，是具有现代化特质的管理新阶段。"治理"起源于 20 世纪公共管理领域，不仅包含自上而下的统治、效率、秩序，更加强调多元主体的"共治"以及各参与主体责任的共担，它通过权力的配置和运作平衡组织中不同利益群体的关系。"治理"区别于"管理"的主要表现为从人治走向法治、从封闭走向开放、从控制走向协调、从单一走向系统、从约束走向自主的理论与实践创新。

从管理走向治理是学校战略发展的现实需要。长期以来，我国教育管理中存在着社会参与不够、学校办学自主权不够、学校治理结构不完善、治理能力不足等问题。中国特色社会主义进入新时代，我国教育也进入了推动公平、提高质量、深化改革、完善体系的新阶段，走过"十三五"，"有学上"的问题基本解决，进入"十四五"，"上好学"的诉求日益强烈，基础教育的工作重点从规模扩张向内涵提升，学校管理从注重物化管理转向文化管理，推进教育高质量发展成为基础教育最紧迫、最核心的任务。因此，我们要在推进国家治理体系和治理能力现代化的大前提下，从宏观上厘清教育治理中多元主体关系，强调多元主体参与，激活学校教育细胞，释放中小学办学活力，促进学校治理体系和治理能力建设，从而不断提升教育现代化水平。这也是《中国教育现代化 2035》提出的"推进教育治理体系和治理能力现代化"的必然要求，是全面提高基础教育质量、办好人民满意的教育的应有之义。

---

[6] 冯大鸣. 沟通与分享：中西教育管理领衔学者世纪汇谈 [M]. 上海：上海教育出版社, 2002: 313.

　　校本治理与校本管理并不是对立的关系，前者是后者的一种高级形态。正如豪拉斯所指，治理用来强调学校和教育系统的开放性，而管理则是强调管制的技术和工具层面……随着学校逐渐成为更加开放的机构，它们与地区社会和经济环境的关系越来越紧密，也会受到一系列复杂需求和利益的影响，在此意义上，我们倾向于使用"治理"一词。从传统管理走向现代治理，从一元管理到多元治理，本身就意味着制度变革，"管"与"治"一字之差，需要深刻把握其内涵，管理是从上而下、一元单向的，而治理是多元利益主体围绕共同的目标协商、协调与互动的过程，管理的关键在于控制，治理更多的是引领和激活，强调对话精神。学校治理是一种多元参与的管理形态，强调多元参与、法治精神，以自治、共治求善治。通过权力的配置和运作，平衡组织中不同利益群体的关系，各治理主体是相互协作的关系，而不是管理与被管理、控制与被控制的关系。治理是一种开放的决策和变革过程，其关键在于"善治"，是借助多元主体共同治理，体现参与、民主和多样性的特质。在构建现代学校制度的过程中，创新学校管理方式，以期实现从"校本管理"向"校本治理"的转变，相对"管理"而言，"治理"更强调主体的多元性、参与性、协同性，它要求优化学校内部组织结构，完善制度体系建设，不断提升治理能力，推动学校转型。校本治理在目标取向上更加注重向服务人发展，在力量依靠上更加注重激发内生力量和团队力量，在方式途径上更加注重协商与沟通，更加注重专业自主和民主决策。学校的相关利益方在国家法律法规和学校章程的规范下，通过多元主体的协商对话、民主协调、共建共治来实现学校共同目标，其突出特征是多元主体参与的合作管理与共同治理，以持续地激发校长、教师、学生、家长、社区的活力，实现教育质量的提升。从政校关系的角度看，学校的主要角色变化是走向"自治"，从学校与教师、学生、家长、社区等利益主体的关系角度看，是学校与其他利益主体一起对学校进行"共治"。通过完善学校治理体系提高整体治理能力，通过加强能力建设提高个体参与治理的能力，通过发挥学校的主导作用实现学校治理现代化，为实现教育治理体系和治理能力现代化奠定基础。

从校本管理走向校本治理，关键是构建新型的政府、学校和社会之间的关系，突破口是转变政府职能，重点是建立系统完备、科学规范、运行有效的制度体系，形成职能边界清晰、多元主体"共治"的格局。对学校而言，教育治理能力建设要实现依法自主管理，完善学校法人治理结构，规范内部治理，不断提高教育教学质量。对社会组织、社区、家长而言，教育治理能力建设要逐步提升其参与教育决策、社会监管，参与学校管理，参与教育评价等方面的作用。要完善权责统一的教育领导体制，提升各级政府的管理服务能力，转变政府的管理方式，明确各部门在教育治理中的职责权限。只有政府、学校、社会各归其位、依法尽责，决策、执行、监督相对分离，构建"政府管教育、学校办教育、社会评教育"的教育发展新格局，才能形成相对独立、彼此尊重的关系，才能保障教育事业的健康发展。校本治理是学校利益主体基于对学校品质和学生发展的共同追求，对学校课程、教学、管理等教育公共事务进行平等参与和民主协商，并产生实质影响的实践。[7]

总之，校本治理是民主、参与、共享、责任和法治等诸多理念的综合体现，需要政府、学校、社会和家庭等多元主体充分发挥作用，是资源分配、规范体系建设和能力建设等各项任务的同步协调。走向校本，也就是走向每一位师生自己生活的舞台，更加关注师生的生活方式，更大地激发师生的创造热情，使学校更具生机活力。

[7] 杜明峰, 张猛猛. 学校治理的实践建构与制度安排 [J]. 教育发展研究, 2020(20): 33.

第一章　校本治理的基本理念

新时代学校治理面临诸多挑战，需要教育工作者遵循教育规律，以攻坚克难的勇气积极应对。校本治理是校长、教师、学生、家长、社区等利益相关主体协同参与，通过互动实现共同价值追求的过程，其基本理念是把学校作为真正的办学和管理主体，发挥学校成员的积极性、自主性和创造性，以提高教育质量和管理效能。

一、校本治理的理论基础

校本治理的产生有着广泛的理论基础，其基础是多元的，既有哲学理论，又有组织理论和管理理论。后现代主义哲学在管理中主张"权力下放""授权"。当代组织理论强调参与模式、参与、小型化、工作团队、决策在最底层作出以及绩效报酬。权变管理理论认为管理思想和管理方式要根据环境和内外条件的变化而随机应变。这些观点为校本治理在自主性、分权和参与管理等方面提供了理论支撑。

（一）分权化理论

校本治理借鉴了后现代主义哲学的一些管理理念，后现代主义强调的"边缘化"就是校本治理理论中"权力下放""授权"等术语的"思维影子"。

校本治理主要是强调教育管理重心下移，把学校作为决策的主体，运用分权、授权、协作、团队等组织行为学的原理，来构筑学校与外部及学校内部的新型关系。实施校本治理基于以下两个假设：第一，学校是基本的决策单位，因此决策应该尽可能在最基层作出。第二，学校需要一种参与决定变革的机会和使变革适应个别环境的灵活性，外部强加的程序并不导致变革。其核心是把权力从地方学区下放到各个学校，尤其是决策权力下放至每一所基层学校，来达到提高教育质量的目的。

校本治理改革策略倡导教师参与，把权力给予教师，使其权责相称，让工作在第一线者负起责任，通过高品质的教师专业发展，改善学生的成就。教师授权所强调的，是对专业自主权的保障与维护，让教师更能够发挥专业素养，用于改进教学，其最终目的还是在于维护教师的专业自主权，增进教师的教学效果，以提升学校治理的效能。

（二）参与管理理论

行为科学理论的成功改变了管理者的思想观念和行为方式。行为科学把以"事"为中心的管理，改变为以"人"为中心的管理，由原来对"规章制度"的研究发展到对人的行为的研究，由原来的专制型管理向民主型管理过渡。在每一个管理决策或每一项管理措施的背后，都必须有某些关于人性本质及人性行为的假定。[8]

经济人假设——X 理论，该假设认为人的一切行为在于追求自身利益最大化，工作是为了获得经济报酬。X 理论过于强调规章制度和严格管理的必要性，把人当成只注重眼前利益的经济动物，强调立足于管，用强制、惩罚奖励等办法，迫使员工完成生产任务，管理的重点是提高生产效率，忽视人的心理需求和社会需求。把管理看成是少数管理者的事情，员工主要职责是听从管理者指挥，用金钱来刺激员工工作的积极性。

---

[8] [美] 道格拉斯·麦格雷戈. 企业的人性面 [M]. 韩卉，译. 北京：中国人民大学出版，2008: 33.

社会人假设——人际关系理论。20 世纪 30 年代，美国梅奥（E.Mayo）等人进行了有名的"霍桑实验"，证明了金钱并非调动人积极性的唯一动力，人是复杂的社会关系的成员，是"社会人"，员工工作积极性、主动性、协作精神、士气的提高，取决于其工作态度以及安全感、归属感等社会、心理方面的欲望是否得到满足，认为人的工作以社会需要为动机，人们希望管理者能够满足自己的社会需要和自我尊重的需要。人与人之间的关系对于激发动机、调动职工的积极性是比物质奖励更重要的因素，在实行奖励时，提倡集体奖励与个人奖励相结合，既要考虑效率，也要兼顾公平。因此，管理的根本任务就是创造良好的人际关系气氛，满足组织成员的社会需要。持社会人人性假设的理论提出"参与管理"的新型管理模式。参与管理理论强调人的欲望、感情、动机的作用，因而在管理的方法上强调满足人的需要和尊重人的个性，以及采用激励和诱导的方式来调动人的主动性和创造性，借以把人的潜力充分发挥出来。

自我实现人——Y 理论。所谓自我实现，是指人都需要发挥自己的潜力，表现自己的才干。19 世纪 50 年代末，麦格雷戈（D. McGregor）等人结合管理问题，将其概括为 Y 理论，其主要观点是：在适当的条件下采取参与式的管理，鼓励人们把创造力投向组织的目标，使人们在与自己相关的事务的决策上享有一定的发言权，为满足他们的社会需要和自我实现需要提供了机会，他们的积极性会更高，对组织会更忠诚，生产力水平更高，工作更满意。人有自我实现的需要，只有人的潜力充分发挥出来，人的才干充分表现出来，人才会感到最大的满足。[9]

复杂人——Z 理论。该理论认为人是复杂的，人性不仅因人而异，而且一个人在不同的年龄阶段、时期和地点会有不同的表现。人的需要和潜力，随着年龄的增长、知识的增加、地位的改变以及人与人之间关系的变化

[9] 周三多.管理学——原理与方法 [M]. 上海：复旦大学出版社，2005: 130-136.

而各有不同，人可能根据自己的需要、能力而对不同的管理方式做不同的反应。因此，没有一套能适用于任何时代、任何组织、任何个人的万能的管理方法。人是怀着不同的需要和动机来工作的，每个人最需要的是现实胜任感；不同的人对管理方式的需求不同；工作性质、员工素质与组织管理方式相适应时，就能激发员工强烈的胜任动机，提高其工作效率；当一个目标达成后，可以继续激起职工的胜任感，使之为达到新的目标而努力；整体关心，既要关心职工的上岗工作，又要关心职工的家庭生活；上下级之间只有建立起良好的融洽的关系才能使职工成为快乐员工，一个组织只有建立一种信任、亲密、和谐的气氛和工作环境，才能使职工心甘情愿地为实现组织的目标而勤奋工作。

参与管理就是在不同程度上让员工和下属参加组织的决策过程及各级管理工作，让下级和员工与高层管理者处于平等的地位，从而体验出自己的利益与组织发展密切相关而产生强烈的责任感；同时，参与管理为员工提供了一个取得得到重视的机会，产生成就感。参与管理既对个人产生激励，又为组织目标的实现提供了保证。参与管理理论有民主、沟通、权力分享、团队的特征，参与管理的方式试图通过增加组织成员对决策过程的投入，影响组织的绩效和员工的满意度。

参与管理理论是校本治理的理论基础之一，其基本精神在于鼓励员工踊跃参与，有主体参与、充分沟通、权力分享、团队精神四个特征。它更加注重员工的士气和工作满意度，在管理中弘扬人的主体性，尊重人的自主性，发挥人的能动性创造性，已成为当今世界管理发展的趋势。学校内部所有成员都是以"发展"为目标的利益共同体，这符合参与管理理论的特征。学校文化的目的是什么？一句话：就是"使学校的每一个人成为自己的主人"。

（三）权变管理理论

权变理论（Contingency Theory）又称情境理论。20世纪60年代以后，弗雷德·菲德勒在大量研究的基础上提出了有效领导的权变理论，他认为管理思想和管理方式要根据环境和内外条件的变化而随机应变，不存在一成不变的、普遍适用的"最好的"的管理理论与方法，任何形态的领导方式都可能有效，其有效性完全取决于领导方式与环境是否适应。成功管理的关键在于对组织内外状况的充分了解和有效的应变策略。领导的有效性不是取决于领导者不变的品质和行为，而是取决于领导者、被领导者和情境条件三者的配合关系。世界上没有一成不变的管理模式，与其说管理是一门理论，不如说它是一门实操性非常强的技术；与其说管理是一门科学，不如说它是一门艺术，权变管理能体现出艺术的成分。

随着时间的变化，必然会导致学校内外部环境和条件的变化，进而导致学校的具体管理方式也在发展中灵活变化，这种观点也是权变理论在校本治理理论中的具体表现。校本治理吸收这一精髓，主张各个学校的条件不尽相同，其办学目标和实现目标的方法也应有所不同，上级领导机关应实施宏观调控，将权力和责任尽量下放给学校，将组织权力以最大的可能向下层转移，使员工掌握充分的主动权，根据组织的共同目标，通过自我约束、自我管理，推动组织不断发展前进并实现自我价值，这是一个由学校层面、小组层面、个人层面等构成的多层面的自我管理过程。校本治理运动，其目的是为学校创造条件，以适应内外环境的变化，让他们更有效地发展及达到目标。

通过实施校本治理，从学校与上级教育主管部门的关系来看，就是调动学校的积极性；从学校与员工的关系来看，就是调动教职工的积极性；从学校与外部的关系来看，还要调动一切外部力量——家长、社区等的积极性。

（四）新公共管理与新公共服务理论

1. 新公共管理理论

新公共管理理论兴盛于 20 世纪 80 年代以来的英、美西方国家，它是一种新的公共行政理论和管理模式。"重塑政府""再造公共部门"的"新公共管理"运动，是以制度经济学和管理主义为基础，以追求"经济、效率、效能"为目标的管理改革运动。主张在政府公共部门采用私营部门成功的管理方法和竞争机制，重视公共服务效率，强调在解决公共问题、满足公民需求方面增强有效性和回应力，强调自上而下的统治性权力与自下而上的自治性权力交互，强调政府与公民社会的协商与合作，强调政府低成本运作，强调公共服务的质量和最终结果。新公共管理理论代表着一种与传统公共行政不同的重大变化，它更为关注结果的实现和管理者的个人责任，政府部门在公共行政管理中只是政策的制定者，而不是执行者，政府的管理职能是"掌舵"而不是"划桨"，也就说政府应该把管理和具体操作分开，即将"掌舵者与划桨者"区分开，政府只起"掌舵"的作用，这样的管理既可以缩小政府的规模，还可以减少开支、提高效率。有效的政府并不是一个"实干"的政府，不是一个"执行"的政府，而是一个能够治理并且善于实行"治理"的政府。[10]

根据新公共管理理论，教育行政部门应该是教育政策的制定者，而具体的执行则由学校进行操作，这样不仅会激发学校办学的积极性，更会提高政府工作效率。为了提高教育行政水平和公共服务质量，还应该将竞争机制引入教育行政领域，鼓励社会参与教育事务的管理，如政府购买服务、第三方评价的引进。

---

[10] 岳金辉. 教育公平论纲——基于省域基础教育资源优化配置的视角 [M]. 上海：上海科学技术出版社, 2014: 96-100.

2. 新公共服务理论

新公共服务理论是针对公共管理范式中难以解决的公共利益问题，而进行的理论上的改进与创新。2000 年至 2003 年，美国著名公共行政学者罗伯特·B. 丹哈特和珍妮特·V. 丹哈特通过对当今世界各国开展的"新公共管理"运动的理性反思和批判，建构出其系统的"新公共服务"理论，与传统行政管理理论将政府置于中心位置而致力于改革完善政府本身不同，"新公共服务"理论将公民置于整个治理体系的中心，强调政府治理角色的转变即由掌舵到服务。[11]

新公共服务理论是对新公共管理理论的补充和完善。强调尊重公民权利，将公民置于首位，强调对公民的服务，并将权力授予公民，通过合作和分享的过程来运行；呼吁维护公共利益，其核心价值理念是追求公共利益，所有的公民能够参与其中，最终惠及每个人的利益。该理论重新定位政府角色，新公共服务理论批判新公共管理将政府的职责放在"划桨"或"掌舵"上，它看到当今政府不再仅仅是处于控制地位的掌舵者，同时也是重要的参与者，它认为公共管理的本质是服务，政府或公务员的首要任务是帮助公民明确表达并实现他们的公共利益。

根据新公共服务理论，教育行政部门在其管理学校和执行公共政策时应该集中于承担为公民服务和向公民放权的职责，他们的工作重点既不应该是掌舵，也不应该是划桨，而应该是建立一些明显具有完善整合力和回应力的公共机构，通过合作和分享的过程，致力于为公众营造一个无拘无束、真诚的对话环境，使公民能够清楚地表达共同的利益，帮助他们实现共同的教育利益。

总之，分权化理论为校本治理的机构设置提供了理论基础，参与管理理论为校本治理的实施提供了理论依据，权变管理理论是校本治理的主要特征，

---

[11] [美] 罗伯特·B. 丹哈特，珍妮特·V. 丹哈特. 新公共服务：服务而不是掌舵 [M]. 丁煌，译. 北京：中国人民大学出版社，2010: 61–76.

新公共管理与新公共服务理论为校本治理提供了新的视角。所以，校本治理应是现代各种管理思想的有机结合，是社会发展、教育改革背景下的一种学校内控式管理模式。

二、校本治理的基本原则

目前，我国基础教育正在经历从"有学上"到"上好学"的需求转变，从追求规模到追求质量的内涵发展转变，从单纯追求学业成绩到追求"核心素养"的科学质量观转变，而我们的学校几乎还处于标准化、统一性、科层组织、被动服从等工业时代的特征阶段，与信息时代相对应的定制化、多样性、合作关系、团队组织、共享领导、主动创新等教育新范式还有很大距离。新时代教育发展强调落实国家关于立德树人的根本任务，采取一定的治理措施推进和保障教育公平，提高有内涵的教育质量，这对学校管理提出了更高的要求，必须进一步推进学校的科学治理。只有变传统的教育管理为治理，真正从教育管理的科学目标、合理的管理方式、有效的教育内容等方面下功夫，才能有效实现人、财、物、时间、空间、信息等资源要素的有效协调和优化配置，促进多元主体通过沟通、协商等方式，形成民主、科学的治理理念，从而达到高效实现学校育人目标。校本治理理论认为，学校的管理工作应根据学校本身的特性和需要而制定，而学校的成员在这些方面拥有更大的自主权和责任。总之，校本治理和传统管理遵循的基本原则是不同的，传统的学校管理是外部控制管理，而校本治理则是学校主体的自主管理，是建立在目标多元原则、权责下移原则、自我管理原则和人本创新原则基础之上的。随着教育目的从以分为本走向以人为本，教育功能从选拔淘汰走向促进人的发展，从学科中心走向学生中心，从注重考试分数走向注重核心素养，也要求教育管理从人治走向法治。

（一）目标多元原则

在传统的管理中，学校的教育目标相似，教育的外部环境几乎被看作是固定不变的，而且实现教育目标的方法和形式有其标准的程序，这一程序适用于所有学校。此程序致使学校管理趋向于标准化，学校只能追求对教育数量上的发展。新中国成立以来，我国各级各类学校教育急剧扩展，增加学生数量是教育行政部门的核心任务，而学校教育内容以国家标准课程和统一考试为导向，教育需求和目标相对一元化，在教育主管部门的统一领导下，学校按照单一模式发展，缺乏特色，千校一面。所以，学校很少进行教育改革以适应环境变化的愿望和动力，教育目标一元化、管理模式趋同化、学校发展标准化已成定势思维与惯性运作，难以应对多变的社会形势。

而在校本治理中，学校是自行管理系统，教育、教学、管理和服务的目标是多元化的，需要持续调整和改革来满足"顾客"多样性的需求，是植根在多元化的服务对象预期上的。因为学校中校长、老师、学生、家长有各自的多元化目标要求，学校需要不断地改革以适应不断变化的环境。另外，学校的历史文化不同、办学优势不同、发展所需要的资源和遇到的障碍不同，各学校之间学生素养水平以及社区环境也存在差异，这些都决定了统一的教育改革政策在单一学校中的不适用，不同学校在实现教育目标时所采用的方法、途径是不同的，管理的灵活性不可或缺，学校可以寻求适合学校特色的方法、途径来灵活地管理学校。所以，学校改革是不可避免的，学校教育要根据复杂多变的环境进行改革，充分挖掘学校内部成员的潜能，优化学校内部治理结构，建立健全基于学校章程的管理机制，提高学校在处理和应对复杂事务中的适应性，提升学校的自主性和创新能力，在不断解决学校的实际问题中使学校得到发展。

（二）权责下移原则

在传统的学校管理理念和管理模式中，学校自身并不是决策的主体，学校本身的大部分事情都要请示教育主管部门，这就会导致学校部分问题可能得不到及时解决。政府作为学校的上级部门和政策的制定者，享有自上而下的决策与控制权力，学校管理的主要方法在很大程度上仅仅依赖外在的检查，而这种检查是以标准化的结构和外在的标准作为检查的依据。然而，教育现代化要求学校治理注重协商与互动，要求政府部门重视决策的民主化，减少学校自主决策推行的阻力。所以，权责下移原则认为学校应该被赋予更多的权力，从而能及时解决在日常管理过程中发生的问题。学校自身的问题，要由学校中的人来解决。

分权和集权是两种不同的管理原则。传统管理理论强调学校结构和标准程序的作用，认为实现管理目标应该有一套标准的方法和程序，通过标准化的方法和程序就可以获取学校的管理目标，而且在学校管理目标相同的前提下这些方法和程序适合于所有的学校，集权原则与标准的组织结构、管理方法、管理程序是一致的。相反，在实际的学校工作中，由于教育的复杂性和学校之间的差异性，用一种标准的结构来管理所有的学校是不实际的，而且不同的学校自身所具备的条件也不同。

分权管理是校本治理的重要方面，强调的是发现和解决问题的及时性和有效性，着眼于问题的有效解决，而不回避问题的存在。学校发展的决策权从上级教育主管部门下放到学校，从而使学校能够依据本校的实际情况，制定符合本校特点和需要的行之有效的发展目标和发展战略，使得学校能主动地向适应市场需求的多样化、个性化方面发展。即使学校管理目标相同，但实现目标的途径和方法有很多，管理过程应该有适度的弹性。在校本治理中，主张政策的灵活性，主张放权，以使学校有较大的空间制定有效的学校管理策略。分权是校本治理的基础，既强调政府和学校之间的分权，也要求学校内部有清晰、明确的权责。分权与集权相结合，在保证学校正确发展方向的基础上，广泛调动教师参与管理积极性，既能群策群力，也有利于集体责任感、认同感的形成。要关注各参与主体的需求，唤醒各参与主体内在的积极性、创造性，将目标管理、物质激励与精神激励多种方式相结合，吸引更多教师在内心上愿意参与到学校管理活动中来，也为家长和社会人士参与学校治理创造更便利的条件。

（三）自我管理原则

在传统的教育管理中，学校仅作为教育政策目标的执行系统，主动权和责任都不明晰。人们往往倾向于把学校组织管理视为单向度的管理、规范和控制的过程，这极易导致教育政策制定者、学校管理者、教师以及学生之间形成自上而下的单向度的垂直控制关系，使得学校组织管理的权力更多地集中于管理者，而广大的教师和学生则不得不在学校管理活动中处于边缘的位置，他们参与管理的积极性往往遭受压抑乃至消解。在这种情况下，学校组织管理就非常容易陷入工具理性主义的误区，即教师和学生被视为实现教学业绩或者考试目标的工具，被"转化成为生产机器上一个被控制的零部件"[12]，从而日益丧失自身在学校组织中的主体身份和主体意识。

校本治理并不否认学校需要完成教育政策规定的目标，需要上级部门的领导，但同时强调达成目标有着许多不同的方法，学校的教育、教学、人事、财务等问题需要学校自己去解决。在解决问题的方法上，必须立足本校实际，实事求是、有针对性地解决。在解决问题过程中，要结合教师、学生、课程的实际，考虑解决问题的内外环境、时机和特殊要求，将问题解决落到实处。作为主要决策单位，学校的有效改革并不依据外在程序，而主要依靠有关成员合作、共同做出决策。所以，必须让学校在一些主要政策的制定上成为一

---

[12] 理查德·C. 博克斯. 公民治理 [M]. 孙柏瑛,等译. 北京：中国人民大学出版社, 2012: 48.

个自我管理的系统，有权制定办学方针、教学目标和管理战略，有权分配人力和物力资源，有权根据实际需要解决面临的问题、完成预定目标。校本治理强调学校有明确的学校使命、办学理念，重视全体成员参与构建教育愿景，提倡学校具有鲜明的组织文化及特色化的校本活动，认为学校是学生、教师、行政人员生活的地方，每个人都有发展的权利，重视人的参与、发展及人的需要，强调人在组织中的主动性和创造性，强调建立和完善学校内部治理结构，充分考虑学校组织的基本特征，通过制度和组织设计，调动人的主观能动性，实现人、财、物、时间、空间、信息等资源要素的有效配置，不断提高学校的办学活力和治理现代化水平，增强凝聚力和适应能力。学校治理可以在政府宏观管理、法律权威秩序之下充分发挥校长、教师、学生以及家长的治理主体性，形成学校组织管理中的多元互信、平等合作的治理伙伴关系，更深刻地凸显出公共性、民主性与法治性的内涵，可以为学校善治奠定更加坚实的观念认识的基础，最终更好地实现学校的善治，实现自主管理和合作治理。[13]

（四）人本创新原则

人的因素和组织结构因素谁更为重要？这是校本治理和传统管理分歧的焦点。传统的组织理论认为，只要组织目标和任务是明确和清晰的，组织结构因素就起着重要的作用，理想的组织结构或精致的系统可能被设计出来，组织成员就可以根据组织的规章制度或在外部管理控制下有效地工作。传统的学校管理正是基于这一理念，在学校管理中加强对学校的监控。这就导致外部控制越是强化，学校成员的依赖性就越强，创新就越少，管理效率就越低。为了改善学校的低效率，提高学校教育质量，教育行政部门就需要投入更多的资源强化督导和控制。"外控管理"对学校行政人员素质要求不高，仅

---

[13] 叶飞. 走向多中心治理：学校组织管理的善治之道 [J]. 苏州大学学报 (教育科学版)，2020(04): 48.

限于依照条例规划进行，学校有关部门的效能评估倾向于片面的指标参数，忽视学校过程管理和发展，难以帮助学校改进工作。

而校本治理更加重视"人的积极性"和"内部管理改进"，人的因素在组织的绩效中起着关键作用，校本治理基于人际关系理论和现代行为科学理论，认为人是组织中最为宝贵的资源，所以，在学校管理中一项重要的工作就是开发人力资源。管理目标应是建立在一种学校成员广泛参与和开发其潜能的基础上，学校质量的提高应着眼于改进学校管理的内在过程，尤其是人的因素上。它要求学校树立鲜明的办学理想，强调学校外部和内部的组织文化观，要求学校管理者具有较高的综合素质。

校本治理要从教职工、家长、学生的角度出发，尊重人、关心人，师生都是学校的主人，根据师生的需要实行民主管理，维护师生的主体地位，调动师生的积极性，群策群力办好学校。因此，我们在设计和实施现代学校制度时，应以"以人为本"为原则，并将此作为立足点和出发点，关注学校每位成员自我发展的内在动机，给予学校成员更多自主管理的权力。

总之，校本治理比较关注目标的多元化和沟通的有效性，强调自我管理、广泛参与和组织成员的共同决策，注重权力的分散和管理的个性化、差异化。校本治理强调从改进到发展、从数量到质量、从维持到效能、从经验管理到知识管理、从重视物质建设到学校文化建设，形成以人为本、行为规范、运转协调、公正透明的管理体制，具有育人为本、政校职能分离、法人制度健全、专家治校、组织管理科学、学校社会良性互动、发展目标明确等特征。

三、校本治理的自主权力

针对过去对学校管得太多、干扰太多、激励不够、保障不够等突出问题，深化体制机制改革，着力破解影响和制约中小学办学活力的困难和问题，政府要转变执政理念，重新选择和定位教育行政职能，即统筹规划、政策引导、组织协调、监督检查、提高服务。要精简教育行政机构，将权力充分下放给学校后，教育行政部门职能也发生相应的转变，由领导、控制转向督导、服务，教育行政部门作为监督者的角色对学校的管理过程进行监督。让学校根据自身的实际情况合理安排资源的使用与配置，自主行使学校管理权，确定学校的发展目标，选择发展策略，实施灵活的管理，以满足教育多样化的需求和多变的社会发展环境，充分实现自主管理。

推进学校治理体系和治理能力现代化，根本目的是激发学校的办学活力，完成立德树人的根本任务。学校治理体系是一个开放、动态、科学发展的办学系统，在学校发展目标的引领下，通过优化机构设置，促进决策机构、执行机构和内部监督机构之间相互协作、监督制约，从而保障学校治理的有效运行，共同促进学校发展。每个学校都有其复杂而独特的具体情况，决定了校本治理必然是个性化的。从国外的校本治理实践来看，不同学校所实施的校本治理在办学的自主权、承担的责任、制定政策的权力以及决策的领域、学校委员会的实权以及教师的决策参与等方面的程度上是有所不同的。国内外现代教育变革都致力于调整政府与学校之间的关系，倾向于控制行政部门对学校的过多干预，扩大对学校的授权。对学校发展而言，回归办学主体、释放办学活力成为必然诉求。校本治理最基本的要求是将权力下放至学校，即政府教育行政部门要给予学校更大的权力和办学自由，在贯彻党和国家教育方针、遵循教育规律的前提下，在法律许可的范围内，作为发展主体的学校，根据自己的特点和需要来确定办学方向、办学目标，制定学校发展规划，按实际情况决定资源分配，对学校的财政预算、课程设置、教科书选择、人事决策等方面实施改革，在使用资源、参与决策、采取措施提高教育质量等方面享有更大的自主权。从实际运作来看，主要是将集中在教育行政部门的教育决策、人事工作、课程教学和财政预算等方面的权力逐步下放。

（一）教育决策权

在校本治理中，权力下移的一个重要方面是教育决策权，这里主要是指教师、家长和社区成员参与学校的各项决策，如经费的使用、人员的聘任、课程的编制、教材的选择以及其他各种学校事务等。学校承担的任务是复杂的，需要学校所有成员参与决策，并对决策和决策的执行负责，发挥各方面的积极性、参与性、自主性以及创造性，从而提高教育的质量和效率。在实施校本治理的学校中，一般都成立了校本治理委员会（或校务委员会、理事会），其成员来自各个方面的代表。在校本治理改革中，中小学教师都有权参与政策制定，内容主要涉及课程与教学管理、教师发展培训、学生纪律和品行评定、学校经费和设备利用等问题。

在具体的办学实践中，校长要明确学校的定位和需求，理顺各种外部关系，积极主动与上级沟通，与高校、智库加强联系，在教育研究、师资培训等方面整合资源，通过社区共建、家校共育等方式建立良好社区、家校关系，争取学校发展的各种支持。为规范学校权力行使，提高学校科学决策、民主决策、依法决策水平，2020年教育部等八部委联合出台了《关于进一步激发中小学办学活力的若干意见》，明确学校内部治理改革的科学路径，要求学校发展规划、重要改革、安全稳定等重大事项和涉及师生员工切身利益的重要问题，由学校党政领导班子集体研究决定，并充分听取广大师生的意见，主动接受监督。党组织要强化政治功能，加强对重大事项、重要问题的政治把关。加强学校基层党组织和党员队伍建设，充分发挥党组织战斗堡垒作用和党员先锋模范作用；强化党建带团建、队建，加强学校党组织对共青团、少先队工作的具体领导和支持保障。学校要认真落实教职工代表大会或教职工全体会议制度，对学校重要工作进行审议、听取意见。学校要建立家长委员会，完善家校协同育人机制。通过学校内部治理机制的完善，不断提高学校科学治理水平。

（二）人事自主权

人事自主是校本治理中一个关键的授权要素，且又是争论较大的方面，与经费使用密切相关，人事自主权主要包括确定职位和挑选人员。教师人事工作是围绕岗位，根据人社部门和教育部门下达的编制，对教师从招聘录用、培训进修、职称晋升、薪酬体系的全过程管理，营造良好的人事环境。

目前，一些国家和地区对校长和教师职务提出了统一的资格要求，但在这个范围内，学校可以自由选择。用人自主权是学校办学自主权的重要组成部分，在我国围绕扩大人事工作自主权，强调"一参与四自主"。加大学校行政领导人员聘任制推行力度，进一步扩大学校在副校长聘任中的参与权和选择权，鼓励地方积极探索由学校按规定的条件和程序提名、考察、聘任副校长，并报上级主管部门备案。学校根据办学实际需要，按照精简效能的原则，自主设置内设机构，自主择优选聘中层管理人员。完善教师"县管校聘"具体实施办法，充分尊重和发挥学校在教师公开招聘工作中的重要作用。学校依据核定的编制、岗位数量及岗位结构比例和教育教学需要，提出教师招聘需求和岗位条件，并全程参与面试、考察和拟聘人员确定；鼓励地方探索在学校先行面试的基础上组织招聘；对具备条件的学校，教育、人社、监委等部门仅对招聘的基本条件和程序进行指导和监督，将特色条件设置、组织测试等关键权力和环节下放到学校，放权由其自主按规定组织公开招聘，并按要求备案。按照核定的岗位设置方案，中初级职称和岗位由具备条件的学校依据标准自主评聘，高级职称和岗位按照管理权限由学校推荐或聘用，并依据教师的工作表现和实际业绩，推动教师岗位能上能下、人员能进能出。奖励性绩效工资由学校在考核的基础上自主分配，充分发挥绩效工资的激励功能。[14] 这些举措让学校在人事工作方面有了较大的自主权限，将会对学校管

---

[14] 教育部等八部委. 关于进一步激发中小学办学活力的若干意见（教基〔2020〕7号）[Z]. 2020.

理效能的提高产生保障和推动作用。

（三）课程教学自主权

课程是学校育人的根本，课程改革与发展是教育改革过程及追求学校效能的重要活动。在政府下放的权力中，课程自主权是最具实质性的，因为它直接影响到学校的教与学。在课程管理中，不少国家通常的做法是实行三级课程管理机制，即根据不同地区经济、社会发展的差异和学生多样化发展的需求，实行国家课程、地方课程和学校课程三级课程管理，以便提高课程的适应性，促进教育为当地社会经济发展服务。具体而言，就是由政府创建包括课程标准、课程和评估在内的指导体系，规定学生必修的内容，在这个基础上，加大选修课的比例，让地方和学校根据学生的需要和当地实际，自主安排选修内容。这实质上是一种以学校为基础进行课程开发的民主决策过程。课程自主还意味着学校应该有权选择教学用书，这就要求政府在确立编写教材的基本原则时，制定政策促进教材的多样化。

在我国围绕保证学校教育教学自主权，强调"一构建五自主"。鼓励支持学校结合本地本校实际，办出特色、办出水平，强化学校课程实施主体责任，严格落实国家课程方案和课程标准，结合实际科学构建基于学校办学理念和特色的校本课程。学校在遵循学科教学基本要求基础上，自主安排教学计划、运用教学方式、组织研训活动、实施教学评价；对于学科间关联性较强的学习内容，自主统筹实施跨学科综合性主题教学。充分发挥教师课堂教学改革主体作用，鼓励教师大胆创新，改进教育教学方法，开展丰富多彩的教育教学活动，积极探索符合学科特点、时代要求和学生成长规律的教育教学模式。严肃校规校纪，依法保障学校和教师加强对学生的教育管理。尊重和保障学生在学习中自主进行选择、参与、表达、思考和实践。[15] 这五大自主权为教

---

[15] 教育部等八部委. 关于进一步激发中小学办学活力的若干意见（教基〔2020〕7 号）[Z]. 2020.

育教学改革提供了政策支持。

（四）经费使用自主权

预算规划和经费控制在校本治理中是权力下移的主要方面，它是决定学校运转方式的先决条件。当前普遍的做法是取消细分项目专业款，代之以全额预算，使得学校能够根据实际需要随时调剂资金。英国的学校一直受各地方教育局管理，国家要求地方教育局至少将其85%的资金直接拨到学校，供学校自行使用，政府还允许学校可以把前一年积余的资金转到下一年度，以便把没有用完的钱用到新的优先项目，从而鼓励学校节约开支。20世纪90年代，在美国出现的特许学校则享有绝对的经费使用权。

在我国围绕落实经费使用自主权，强调"一优先三自主"。学校按照预算管理有关规定和学校发展实际需要，自主提出年度预算建议，自主执行批准的预算项目，对预算资金进行全过程绩效管理。完善学校公用经费使用管理办法，加大学校经费使用自主权，优先保障教育教学需要，确保学校有效使用、正常运转，学校有权依法依规自主使用社会捐资助学的经费。鼓励学校建立以岗位绩效为重要依据的收入分配制度，向一线教师、优秀教师和班主任倾斜，激发教师干事创业的潜能。这不仅赋予了学校使用经费的自主权，还确保了学校经费能够最大程度上用于教育教学需要。

学校在拥有自主管理权的同时，要努力探索适合本校实际情况的特色道路，根据学校的特点和实际需要开展教育活动，以校情为基础，开展校本活动，完成个性化的校本培训；开展独具特色的校本教研，形成有特色的校本课程。现代学校治理要求学校管理由传统的外驱式管理转向内生激扬型管理，通过顶层设计系统建构现代化学校治理体系。

四、校本治理的基本理念

教育理念是当代教育价值观的反映，是教育追求应该达到的理想状态，是教育主体在教育实践、思维活动以及文化积淀和交流中所形成的教育价值取向和追求，是具有相对稳定性、延续性和指向性的教育认识、理性的观念体系。[16] 我国对校本治理的关注始于 21 世纪初，是在课程管理制度上实行国家、地方、学校三级课程管理，即在课程管理权限上进行分级。随着教育实践的持续推进，校本治理的理念也越来越丰富，主要是学校拥有办学的自主权，根据自身的特点及需求来制定办学目标与任务，从而使学校成为自我管理、自主发展的主体，并构建学校成员及家长、社区多元参与、共同决策的组织体系，从而提高学校管理的有效性，实现学校的可持续发展、特色发展。分析传统的学校管理与校本治理可以发现，传统管理的主体是一元的，校本治理的主体是多元的；传统管理是垂直的，校本治理是扁平化的；传统管理通常是人治的，校本治理是基于法治基础的；传统管理常常是单向度的，校本治理是体系化、互动式的；传统管理体系是按照职权进行的科层分工，而校本治理体系则是所有利益相关者在法律制度基础上的分工与合作；传统管理的方式是控制、命令、服从和执行，而校本治理的方式则是协商、共治、协调和互动。校本治理的基本理念主要体现在以下四个方面。

（一）权力下放

校本治理是一种以学校为本位、以学校为主体的自主管理，是一种以权力下放为中心的学校管理思想和模式，学校的发展设计，各项活动的开展，各种问题的解决都基于学校本身。这种管理体制把教育决策权从主管部门下

---

[16] 韩延明. 理念、教育理念及大学理念探析 [J]. 教育研究, 2003 (9): 23.

放到学校，将更多的权力与责任由学校外部转移到学校内部，使学校能够根据自身的需要和具体情况决定改革措施，学校作为自主决策、自主发展的办学主体，在课程设置、人事安排、财政预算、资源分配等各个方面拥有适度的自主权，可以根据自身的需要确定自己的发展目标和方向，从而达到变革学校已有的管理体系，优化学校教育资源，提高学校办学质量的目的。

权力下放作为校本治理理论的核心部分，是建立在学校完成教育政策规定目标的前提之下的，重点强调让学校成为自主决策者，运用分权、授权、共同协作等组织行为学的原理和技术，来构筑学校与外部及学校内部的新型关系，拥有自主发展空间。学校根据自身的条件和特点，自主构建自我管理体制、确定管理战略、分配人力资源，在不断的发展和变革中实现自我完善。

权力下放意味着教育决策权的重新分配和政府职能的转变，教育行政部门改变了传统的对学校全过程、全方位的控制，转而通过立法、拨款、中介组织、政策引导、督导、信息服务等各种间接手段对学校进行宏观调控，以保证政府目标的实现和学校公正、合理地运用得到的权力。学校也改变了职能，由原来的执行机构变成了决策机构，享有了更多的权力的同时，也必须为权力的使用及其绩效承担更多的责任。

（二）共同决策

在校本治理中，共同决策与参与管理是非常重要的理念。与学校联系紧密的各种相关利益者，如校长、教师、员工、学生、家长、社区人士等都有权参与学校的决策，这也正是校本治理的精髓所在。学校治理不仅要落实政府的宏观管理以及法律的规范性要求，还要满足教师、学生以及家长等多元主体的公共诉求，推动多元主体之间的公共协商、民主对话和共识产生，倡导多元主体的合作共治。随着学校自主权的扩大，当面对繁重的教育任务和追求教育的有效性时，管理层的全面参与对学校的发展起着至关重要的作用。有效的改革需要有关人员的决策参与，而变革则来自内部的需要，调动学校中每一个人的积极性，让每一个人参与到管理中来，实行民主管理，让每个人都具有责任感与使命感，才能增加行动的自觉性，才能充分运用群众的智慧，教育教学与管理工作才能有所创造、有所前进。学校的理想和管理的策略应鼓励学校成员的积极参与，谁最接近学生学习，谁就是作出教育决策的最佳人选。

有效的校本治理要求学校改革学校管理体系，让更多的人参与决策。校本治理将权力下放到学校，并不是交给校长一个人，而是交给由相关人员共同参与的"领导集体"，来负责研究、决策并组织和实施管理活动，一般是校务委员会（学校理事会、学校董事会等），这些组织一般由校长、教师、行政管理人员、家长和社区代表组成，在预算、人员聘用、课程编制、教材选择以及其他各方面参与学校的各种决策，让不同的利益方都表达出自己的意愿，提高决策的科学性、合理性、可行性。

在校本治理中，一个有能力推动和驾驭变革的校长是成功的关键，他的角色具有多样性，不但是校本治理的领导者，而且还是授权者、促进者、学习者、外界的沟通者。教师的角色也发生了根本变化，从课堂的管理者转变为学校的管理者，参与制定学校的目标、任务以及各种政策，教师的作用既是合作者，又是决策者、开发者和执行者，为促进有效的教学和学校的发展而倾尽全力。家长、学生和参与学校管理的社区代表，也必须从建议者的角色向决策参与者转变，能够站在学校的立场上考虑问题。为了实现各类人员的角色转变，需要加强对上述人员的校本培训，以提高他们的工作技能和团队合作精神，让他们有能力参与决策过程。

服务至上是校本治理的根本遵循，体现了教育为人民服务的宗旨，学校是教育服务的提供者，学生和家长对学校教育应有知情权、参与权和选择权，让家长和学生接受满意的教育，是学校的根本追求。建立信息共享机制，改革学校信息反馈系统，改善学校的信息沟通状况，权力下放能否成功，不但取决于学校决策人员是否具备各种工作技能和合作精神，而且还取决于他们能否获得作出决策所必需的信息。信息共享机制主要是为学校提供校本治理所需要的组织行为信息,实现学校与教育行政部门的纵向信息共享以及学校与学校、学校与社区之间的横向信息共享。建立开放的校内信息管理网络系统,允许包括教师、管理人员、学生等所有与学校教育活动有关的人员,以合理的程序参与学校管理,共享学校信息,了解学生的表现,了解家长和社区对学校教育的满意度,以便在学校事务中作出明智的决定。教育行政部门也要建立信息共享机制,为学校提供校本决策所需要的组织行为信息。学校自身也要加强与外界的信息沟通工作,使信息结构从层次式向网络式演变。同时,要改革评估体系和奖励机制,补偿教职员工参与学校管理付出的各种努力,肯定他们所取得的成绩。

(三)自主管理

校本治理认为学校是决策和改革的主体,在授权范围内可充分发挥决策主体的作用,应该有权为自己制定办学方针,从本校实际出发构筑办学目标和管理策略,有权力来分配本校的人力和物力资源,有权力根据实际情况解决本校面临的问题。学校应该强化办学主体性意识,自主决定学校的发展思路,形成具有自身特色的办学模式,依靠校长、教师、学生、家长以及社区各方面的综合力量自主办学,有效地利用自身的办学资源,最终达到提高办学能力和办学水平的目标。

校本治理在管理形态上表现为内控管理,在方式上是民主管理,在目标上是个性化多元化管理,在本质上是自主管理。学校在拥有自主管理权的同时,要努力探索适合本校实际情况的特色道路,根据学校的特点和实际需要开展教育活动,以校情为基础,开展校本活动,完成个性化的校本培训,开展独具特色的校本教研,形成有特色的校本课程。

学校是教学的主体,也是管理的主体,应充分发挥主动性、积极性与创造性,积极创造促进自身发展的条件,对自己的发展负责,敢于承担起教育改革的责任。通过教育行政部门主动将办学自主权下放至学校，使学校拥有自主决策、自主管理的自由，并在校内通过权力的层层下放，给予学校各级人员充足的自主权，调动其主动参与学校管理的积极性，从而优化学校管理效能，提高学校办学与管理质量。要真正实现学校自主管理，必须注意以下几点：第一，学校自主权的获取是自主管理的前提与保障，教育行政部门要将管理权力充分下放给学校，为学校发展营造自主的外部环境，让学校拥有自我管理的机会。第二，学校自身自主管理的能力是关键，自主管理的主体不是校长个人或者领导层，而是包括校长、教师、学生、家长和社区成员在内的利益相关人。第三，学校自主管理的过程不是学校校长或领导层的个人决策、独断专行，而是在学校二次分权后学校全体成员共同参与的民主决策与管理。第四，学校自主管理的方式不是校长领导层带领教师"划桨式"的被动管理，而是校长"掌舵"，教职工为组织目标和个人价值的实现主动管理。第五，学校自主管理的程度是有限的，学校在获取权力的同时应承担相应的义务与责任，这就需要政府对学校办学情况进行必要的监管与评估。[17]

为了使校本治理不断迸发出生命力，必须保持教育教学管理的开放性，学校管理权下放的同时，完善学校自主机制、唤醒学校自主意识、提高学校内部的自主管理能力，这样才能准确行使学校自主权力。

（四）以人为本

校本治理是学校全体成员基于共同价值取向和目标导引，以民主科学的规则和机制调控，充分激发释放全员发展创造的价值，高质高效达成目标，并保证机会与结构公平的组织系统，具有价值共享、主体协同、动能内生、效能优化等特征。

校本治理要以人为中心。校本治理从其构成要素来看，主要有人、财、

---

[17] 周西西. 我国中小学自主管理的问题研究 [D]. 上海：华东师范大学 2016: 5.

物、时间、空间、信息等多种要素，但在这诸多要素里"人"才是核心，因而校本治理是以人为中心的。校本治理不是控制和强制，而是解放每一个人和发展每一个人，在进行校本治理时，一切措施与方法、一切人力与物力，必须集中于促进人的发展。只有坚持以人为本，实现校本治理的人性化，才能调动广大师生员工的工作热情和积极性，有效促进学校成员的发展。校本治理是一种依靠人、通过人、为了人、促进人的发展的活动，要实现以人为中心，着力于人的动力激发、潜能开发、创造力培养，实现教育资源聚合流动、快速反馈，实现学校教育价值最大化，培育提升学校核心发展力。校本治理要以人为中心也是由学校的根本任务所决定的，学校的根本任务是立德树人，培养高素质的现代公民，要在管理中发扬民主，和谐合作。教育要以"人"为中心，不仅是以校长、教师、学生这些直接参与学校教育的个体为中心，还应包括更多具有学校精神以及具有共同价值观、道德观或是拥有共同目的的协作关系的个人所组成的群体。学校应该鼓励家长、社区成员或其他社会组织积极参与并监督校本治理，使其符合社会期望的发展方向。

校本治理要满足人的需要。教育管理的起点是人，其终极目标是满足人的物质和精神需要，促进学生、教师和学校不断发展。校本治理要满足人的需要，要看到人的需要的多样性，采取有针对性的措施，以满足人的合理的、多样化需要。通过满足人的需要，调动人的积极性，提高工作的效率。学校是教师和学生、行政人员、服务人员共同生活的地方，每个人都有权利进行自我发展。重视个体发展，协调好团队成员的利益诉求，是组织良好运行的基本手段。要确保广大教师在管理上的发言权、知情权和决策参与权，要加强对全体师生的思想引领、理念塑造、文化构建，在管理过程中尊重人，把人本管理与校本治理相结合，关注人的发展和参与需要。

校本治理要注重人的素质提高。学校的发展依赖于教师和学生整体素质的提高，而人的成长是一个历练的过程，要注重人的可持续性发展，不仅要满足当前的需要，更要考虑未来的发展。在管理中，一方面要提高学校中成员的理论素质，另一方面要不断在实践中锻炼提高其能力素质。在校本治理中，要把提高教师素质和学生素质放在突出的位置，加强师德建设，提高教师的思想品德修养和教书育人的自觉性，加强教师的业务培训，提高教师的教学水平。要全面实施素质教育，坚持以德育为核心，以创新精神、实践能力为重点，促进学生个性全面和谐发展。

学校作为一个组织，不单是完成上级教育主管部门任务的执行工具，更应该是为学生的未来发展做准备的地方，是教师以及管理工作人员生活、工作并追求发展的地方，甚至还是家长、社区成员及其学校各方面力量给予支持、共同参与的地方。从体系上看，校本治理是教育治理在学校层面的具体化，是体现民主参与的教育需要的重要载体；从形式上讲，它是超越以往管理型的学校形态，走向一种自主与合作的治理的实践变革；从本质上分析，它反映的是国家与学校之间权责关系重构的问题。同时，校本治理又不会止于权力，而是形成学校利益相关者的利益表达机制，建立一系列民主和协商的程序、规则和机制。校本治理需要文化治理力的提升，需要在环境熏陶、人格感化、风气驱使、价值引领、精神感召等环节下功夫，以人为本体现了校本治理的宗旨和目标，校本治理不仅仅是为了保证学校的教育教学工作的正常开展，更重要的是把学校建设成为师生共同的精神家园。在这个家园里，教师和学生有着共同的奋斗目标，教育者和受教育者在多边互动的实践活动中共同发展，开发自己的潜能，感受到自我价值的实现。

第二章　校长领导力的提升

中国教育正进入教育思想再启蒙、教育哲学再回归、教育实践再创新的新时代。随着校本治理的推进和现代学校制度的建立，教育行政权力不断下放，校长的职责和权力随之扩大，校长不再只是教育政策的被动执行者、学校的被动管理者，而是成为经营学校、塑造学校、实现学校可持续发展的领航人，是一所学校变革和成长的关键性人物。因此，如何凝聚教师、学生、家长、社区等各方面的力量，共同推动学校的发展，是校长必须解决的关键问题，也是实现校本治理的关键。

一、校长领导力的内涵与特征

校长是学校外部治理体系和学校内部治理体系的重要接点，作为学校的法人代表，是政府、社会和学校沟通的桥梁，校长领导力既是教育治理状况的具体体现，也影响着教育治理体系的构建和运转。

苏霍姆林斯基认为，有怎样的校长，就有怎样的学校。人民教育家陶行知指出："校长是一个学校的灵魂，是师生敬仰和学习的楷模。要想评价一个学校，先要评价他的校长。"[18] 校长的教育理念、智慧胆识、道德修养、个人魅力以及领导管理水平都在无形中转化为具体的领导行为，作用于教育教学实践，陶染着学校的发展和师生的成长，是带领学校创造业绩的重要保障，在一定程度上影响着我国基础教育改革的进程。

---

[18] 陶行知. 陶行知全集 (第 1 卷)[M]. 长沙 : 湖南教育出版社, 1993: 473.

近年来，国内外的一些专家学者借鉴管理学、人力资源管理、社会学等领域的研究成果，提出了"校长领导力"概念。

（一）校长领导力的内涵

校长是学校发展的掌舵者和引路人，把握学校发展方向，指引学校前进道路。国内外学者从不同的角度来考察校长领导力的内涵，界定校长领导力的概念。

有的学者从校长所应具备的能力方面来界定，认为领导力是校长综合素质的体现，是校长在学校管理上的组织、沟通、决策、执行、创新等方面的能力，而且也与其知识储备、价值取向以及在此影响下的领导行为、方式、风格等紧密相连，是校长整体素质和能力水平的综合体。库泽斯等认为领导力是领导者如何激励他人自愿在组织中做出卓越成就的能力，是由领导者的领导知识、领导能力与具体的领导情境等多方面要素综合作用而形成的合力，是鼓舞和引导他人树立并实现共同愿景的能力。[19]

有的学者将校长领导力界定为校长角色的影响力，德鲁克曾说："发现一个领导者最有效的办法就是看他是否有心甘情愿的追随者。也就是说，一个领导者要有影响他人行为的能力。"领导力不仅指的是领导才能，更重要的是指获得追随者的能力，是凭借影响力塑造人、改造人的过程。因而，一个人能否称得上是领导者，关键要看其个人所具备的素质及对他人的影响力。

也有的学者认为，校长领导力不仅是校长的影响力，更是一个施加影响的过程，我国学者张爽认为，校长领导力既包括校长的领导能力，也包括校长发挥领导、施加影响的过程。[20]我国学者艾兴、赵瑞雪将校长领导力界定为校长在领导全校师生共同实现既定目标的过程中，能够对全校师生施加影

[19] (美) 库泽斯 (Kouzesm J), 波斯纳 (Posner B). 领导力 (第四版)[M]. 李丽林, 张震, 杨振东, 译. 北京: 电子工业出版社, 2009: 29.

[20] 张爽. 校长领导力: 背景、内涵及实践 [J]. 中国教育学刊, 2007(09): 36.

响的能力，同时也能够使师生之间互相影响、相互促进。[21]

萨乔万尼认为，学校的本质是一个学习共同体，校长有科层、心理、技术——理性、专业和道德五种领导权威来源，而且道德领导居于首位，"领导者的领导者"是道德领导者的最基本角色，校长的第一要务并不是直接改进课堂教学和学生的表现，而是树立目的、培育文化、发展共享价值观的学习共同体，运用责任感与义务感来激励成员。[22]作为道德领导者，校长是学校的精神领袖，应通过其卓越的个人能力与个人影响力，完成对学校精神与灵魂的重构，推动学校的发展。

综上所述，校长领导力是在实现学校共同愿景的过程中影响其追随者，在激励、引领教职工实现学校发展目标、推进学校发展过程中表现出的一种综合能力，也是校长通过科学管理促进学校健康发展的能力，主要体现在校长如何用先进的办学理念统领学校工作的全局，制定学校发展规划，领导学校各项工作卓有成效地开展，体现在学校内涵发展与品质提升中。校长的素养或能力是实现领导的前提，也是领导过程实现的保障，更是发挥领导行为和领导效果的重要因素之一。

（二）校长领导力的特征

通过以上分析可以看出，校长领导力既是一种强大的影响力，同时又是校长身上必不可少的一种优秀品质，其特征表现在以下几个方面：

第一，校长领导力本质上是一种影响力，是校长在领导学校过程中体现出来的影响力。这种影响力一方面表现为权力性的领导力，是职位本身赋予的影响力，以外部压力的形式来发生作用，具有强迫性与不可抗拒性。另一方面，表现为非权力性领导力，是校长个人价值理念、情感意志等方面的人

[21] 艾兴，赵瑞雪. 构建融合中国传统教育管理文化的校长领导力 [J]. 教学与管理, 2019(05): 42.

[22] [美] 托马斯·J. 萨乔万尼. 道德领导：抵及学校改善的核心 [M]. 冯大鸣, 译. 上海：上海教育出版社, 2004: 10.

格魅力对别人的影响力，即通过校长自身的优良品质、学识、人格魅力、修养等方面对其他人员产生潜移默化的影响力，是领导者通过其自身良好的综合素养表现出来的。

第二，校长领导力以实现学校目标为根本追求，围绕学校目标展开，是校长在特定的情境中吸引和影响师生员工与利益相关者，并持续实现组织目标的能力，是校长将学校愿景转化为现实的能力。校长的首要任务是明确目的，富有远见，能勾勒出清晰的未来愿景，确定前进方向，集中表现为顶层设计能力，发展战略的决策能力，尤其是发现教职员工身上的正能量，激励他们实现那些具有挑战性的发展目标。

第三，校长领导力是校长应具备的决策力、执行力、沟通能力等综合能力，也是一种综合特质。这种综合特质包括校长的领导知识、领导能力、领导行为。一方面，在实践过程中校长会主动运用领导知识，将领导知识和具体实践有效结合，提升其领导能力。另一方面，在具体的领导实践中，校长的个人能力才有发挥的平台，从而影响学校目标的实现。

第四，校长领导力是通过影响他人或者群体，来实现目标的一种能力，它所指向的对象是全校教职员工、学生和家长等利益相关者。领导的本质是感动下属，需要沟通、关心、肯定、承担责任、站在下属的立场思考问题。

第五，校长领导力既是一种个人素质，也是团队整体素质，是以校长为核心的领导团队，带领学校实现变革式发展的目标躬行践履能力和执行能力。

二、校长领导力的构成要素

校长领导力直接关系到学校的办学质量与水平，关系到学校的生存与发展，关系到党和国家教育方针的落实，关系到青少年一代的健康发展。

（一）校长的角色定位

校长是履行学校领导与管理工作职责的专业人员，其工作重点是把握学校发展方向，管理学校内部事务，协调校内外关系，保障教育教学工作顺利有序进行。作为学校领导核心的校长，其角色呈现出多元化的特点，国内外比较公认的校长职业角色主要包括以下三类。

1. 教育者

教育是培养人的社会实践活动，与其他社会组织相比，学校的独特性在于它的服务对象是学生，学校教育的目的是通过各种教育途径和方式促进学生、教师和学校的整体发展。因此，在进行学校领导的过程中，校长的一言一行都对师生进行着某一方面的规范、启迪和引导，推动着他们的成长与发展。正如苏霍姆林斯基所说，"校长领导学校，首先是教育思想上的领导，其次才是行政上的领导""如果你想成为一个好校长，那你首先就得努力成为一个好教师，一个好的教学专家和好的教育者"。[23] 萨乔万尼认为，有效的学校领导者是强有力的教育家，他们将自己的工作定位在学习、教学和改进学校的中心问题上，校长的一项重要领导事务是创建学习共同体，营造团结协作的学校氛围，应当"担任首席教师"的角色，将专家的专业知识带入并运用于教学指导，应该在诊断教育问题，为教师提供咨询，开展督导、评价和师资培养，开发课程等方面表现娴熟。[24] 作为一所学校的领路人，校长首先应该是教育者，应明确教育的本质、任务和教育的规律，并在实践中创生和丰富理论，既要仰望星空，又要脚踏实地，和教师一起扎根课堂。

2. 管理者

校长角色既要以领导者的身份制定学校的发展规划，还要以管理者的身份对学校的人、财、物、信息及教育教学工作等进行全面管理。校长作为管

[23] 苏霍姆林斯基. 和青年校长的谈话 [M]. 赵玮，等译. 上海：上海教育出版社，1983: 33.

[24] 托马斯·J. 萨乔万尼. 校长学：一种反思性实践观 [M]. 上海：上海教育出版社，2004: 120.

理者，并不是要求校长事无巨细的，而是要懂得适当的赋权，宏观把握学校决策、计划、实施和监督等环节，保证学校正常秩序的运行。校长在学校管理中所体现出来的教育理念、专业知识、管理技能和人格魅力将深刻地影响着学校的发展，良好的管理技能和水平对于校长来说是十分重要的，缺乏有效的学校管理水平，就无法建立有序统一的学校秩序，也无法顺利开展各项工作。

校长应整合和优化学校管理资源，构建扁平化管理体系，推行分布式、网格化领导，使教职工各得其所、各负其责，最大限度地发挥每一个人的作用。

3. 领导者

校长不仅是学校的管理者，更是学校的领导者。面对社会环境急速变化和教育改革进一步深化的大背景，学校工作面临的挑战超过以往任何时代，校长担当起学校领导者的角色，引领学校的发展方向就显得尤为重要。

4. 三者之间的关系

管理与领导有着密切的关系，管理者是"牧羊人"，以权服人，以理服人，以利服人；领导者是"领头羊"，给出方向，以魅力服人，以身正服人，以情感人，领是带领，把握方法，导是指导，指导方法。管理者是务实者、执行者，执行部署，完成任务；领导者是务虚者、决策者，策划变革，制定战略，把握方向。管理者管理靠的是管理权，靠控制；领导者领导靠的是影响力，靠在队伍前示范。

美国领导变革之父约翰·科特认为，管理是通过计划和预算，组织和配置人员、监控结果和解决问题来产生秩序或实现预期目标，也即管理者的主要职责在于"把事情做正确"。领导是通过确立组织未来愿景和促使战略上的必要变化、沟通和解释愿景、鼓励和激励人们去实现这个愿景来产生组织性变化，即领导者的主要职责是"做正确的事情"。[25] 领导是一个综合的概念，它可以看做以目标为导向，以管理为手段，不仅是要做正确的事情，而且要激励和指导他人把事情做正确。管理主要是使用人，领导主要是培养人，"伟大的领导者是把自己的下属锻炼成他们自己的领导者"[26]。校长要培养人，给人增值，让人得到发展，而不仅仅是使用人，这样才能有一大批追随者。

校长不仅仅是学校的领导者、管理者，还是一名教育工作者，这意味着校长不仅要具备一定的领导观，还要具备一定的教育观和教育信念。校长的教育观和信念对学校愿景、课程、教师、学生产生的影响更全面，也更深刻和久远。

在学校这个具有特殊社会意义的教育组织中，校长以教育者的身份定位学校的办学理念及核心价值观，以领导者的身份制定学校的共同愿景和发展规划，之后便以管理者的身份投入到学校的教育教学工作中，运用管理法规、管理方法和技术对学校的人员、财务、教育教学工作等进行全面管理。校长应该在实际工作中不断总结与凝练工作经验，形成独特的教育管理智慧，将自身的教育理念成功迁移给学校全体成员，使他们齐心协力向着共同的目标前进。

（二）校长的专业要求

2013 年以来，教育部陆续发布了基础教育不同学段的校长专业标准，这不仅成为校长管理的重要依据，而且成为校长专业发展的指导纲要。

在我国的校长专业标准中，明确规定了校长是履行学校领导与管理工作职责的专业人员，提出了"以德为先、育人为本、引领发展、能力为重、终身学习"五个基本理念，明确了校长的道德使命、办学宗旨、角色定位以及

---

[25] 约翰·P. 科特. 领导力革命 [M]. 廉晓红，栾涌泉，译. 北京：商务印书馆出版，2005: 58-60.

[26] [美] 詹姆斯·M. 库泽斯，巴里·Z. 波斯纳. 领导力：如何在组织中成就卓越（第 6 版）[M]. 徐中，沈小滨，译. 北京：电子工业出版社，2018: 259.

专业发展方面的实践导向和持续提升的要求，并构建了"规划学校发展、营造育人文化、领导课程教学、引领教师成长、优化内部管理、调适外部环境"六项专业职责，从"专业理解与认识""专业知识与方法""专业能力与行为"三个专业维度予以描述，即通常所讲的"专业精神、专业知识、专业能力"，明确校长专业发展的主要内容，并对如何落实专业标准提出了具体的实施要求。

教育改革与发展的客观要求和校长队伍建设的客观需求，都需要校长遵循专业标准的要求，逐渐成长为专业的领导者。[27]

1. 锤炼专业精神

从教学岗位走向管理岗位的过程，不只是拓展或者丰富职业生涯，而是职业的改变，是从一种职业转向了另一种职业，校长要明确自身"非官员""非教师"而是"校长"的专业身份，养成干一行爱一行、钻一行精一行的专业精神，树立职业理想，体现家国情怀、人文情怀、教育情怀，表现出对工作的极其热爱和投入。专业精神就意味着精益求精、孜孜不倦，意味着不断创新、追求卓越。

2. 丰富专业知识

校长要具备从事校长工作所需要的专业知识，要有教育管理、教育学、心理学、人力资源组织与管理、学校经济与管理、教育哲学、现代信息技术等方面的专业知识，掌握基本的方法、技术与手段，熟悉相关的法律法规与政策规定，熟悉学生身心发展特点和思想品德形成规律，掌握教师专业发展的理论与方法，了解国内外教育改革和发展的基本趋势与教育教学的先进经验。

3. 提升专业能力

校长领导的专业性关键体现在专业能力上，最终体现在专业行为上。校

---

[27] 代蕊华. 校长要成为专业的领导者 [N]. 中国教育报, 2015-10-03(07).

长要有战略思维能力、组织领导能力、决策能力和反思学习能力，能对学校的发展进行专业的诊断，确定和把握学校发展的走势，明确并实施学校的发展规划，把自己的思想转化为教职工的行动；要能组织开展丰富多彩的校园文化建设活动，营造积极向上的学校文化氛围；要能建设富有特色的学校课程与教学体系，适应学生全面发展和个性发展的要求；要能指导开展教学研究与教师培训，切实促进教师专业发展；要能积极推进管理的科学化民主化，切实提高学校管理的专业化水平；要能整合各种资源，形成教育合力，积极发挥学校在社会上的文化引领作用。

校长要对照专业标准，自觉按照专业人员的要求，不断学习，持续改进，成为真正意义上的专业领导者。

（三）校长领导力的构成要素

国内外学者对于校长领导力的构成要素有着不同的观点，美国当代教育管理学家萨乔万尼提出了五种领导力模式，即技术领导力、人际领导力、教育领导力、象征领导力和文化领导力用来说明校长领导如何与卓越的学校表现相关联。[28] 技术领导力是对结构和事件的管理，是校长应用合理的管理技术而产生的领导权力，校长为学校提供规划、组织、协调和进程安排，发挥组织、指挥、协调和控制的管理能力，确保学校工作的顺利进行；人际领导力是对学校成员需要、动机等心理因素的管理，是校长为教师及其他人提供支持、鼓励和成长机会的能力；教育领导力是对学校工作实质的管理，是作为首席教师的校长在诊断教育问题，将专业知识运用于教学指导，指导教师改进教学，促进教师专业成长，开展督导、评价，培养师资，开发课程等方面表现出的能力；象征领导力主要是对情操、期望、承诺和信念本身的管理，校长依据学校的实际情况，设立学校发展愿景，确定学校的定位和前进方向，

---

[28] 托马斯·J. 萨乔万尼. 校长学：一种反思性实践观 [M]. 张虹，译. 上海：上海教育出版社, 2004: 130.

并且就学校中重要的和有价值的事向他人发出信号；文化领导力是对价值观念的管理，目的是将学校由一个"我"的集合体所栖居的组织改造成为一个道德共同体。在萨乔万尼看来，这五种领导力都很重要，技术领导力、教育领导力和人际领导力是保障学校工作运行最基本的领导力，象征领导力和文化领导力则是学校获得非凡成绩走向卓越所必备的重要领导力。

我国香港学者郑燕祥提出了校长领导力由结构领导力、人际领导力、政治领导力、文化领导力及教育领导力构成的"五向度模型"。[29]结构领导力是校长经过深思熟虑，和参与者创建出明确的目标、规则、程序及政策，并提供适当的技术结构，支持学校计划、组织、协调、指挥及实施教与学的活动，为学校的发展创造科学、合理、高效的制度环境；政治领导力是从政治观点看，校长以不同的方式对学校管理过程中出现的各种问题、内部矛盾及利益冲突进行平衡、协调，尽力寻求双赢及合作的解决办法；人际领导力是校长提高教职员工的责任感、满足感，并鼓励正面、合作的人际关系；文化领导力是校长富于激情、具有魅力，并能建立影响个人及教职员工的使命、价值及规范的学校文化；教育领导力是校长鼓励专业发展及教学改进，诊断教育问题，对学校教育事宜给予专业意见及指引。

自 20 世纪 90 年代起，美国、英国、澳大利亚等先后建立起自己的校长专业标准，通过比较发现，各国专业标准的共同特征是以校长领导力提升为根本目的。2015 年美国对其《学校领导标准》进行了修改完善，又推出修订版的校长专业标准，更名为《教育领导者专业标准：2015》，以更加精确地测量和评价校长领导行为，将校长的角色定位为教育领导者，通过校长角色的定位，描述了校长在共创学习愿景、培育学校文化与改进教学、管理学校组织与资源、加强与社区的合作、建立自身良好的伦理规范、社会环境六个方面的职能，分别是：学校领导者是通过制定、表达、执行、保持整个学校团

---

[29] 郑燕祥. 教育领导与改革新范式 [M]. 上海：上海教育出版社，2005: 255.

队共享和支持的学习愿景，来促使所有学生成功的教育领导者；学校领导者是通过倡导、培育和保持有助于学生学习和教职工专业发展的学校文化和教学计划，来促使所有学生成功的教育者；学校领导者是通过对学校组织、运作、资源的有效管理，保证一种安全、有效的学习环境，来促使所有学生成功的教育者；学校领导者是通过与家庭和社区成员的合作，对社区多样化的利益与需要作出有效反应，调动社区资源来促使学生成功的教育领导者；学校领导者是通过正直、公正的行为并以符合伦理的态度，来促使所有学生成功的教育领导者；学校领导者是通过了解、回应并影响政治、经济、社会、法律、文化这个大环境，来促使所有学生成功的教育领导者。[30]

为了实现《澳大利亚2020》的目标，兑现"建立一个所有中小学都追求的卓越教育体系，让每个儿童都能平等地接受世界级的优质教育"的承诺，澳大利亚于2011年颁布了《全国中小学校长专业标准》。该专业标准由"领导要求"和"专业实践"两个子框架构成。"领导要求"包括愿景与价值、知识与理解、个人素质与社会人际交往能力。"专业实践"从领导教与学、自我及他人发展、领导创新和变革、领导学校管理、参与社区合作五个方面对校长的实践工作提出了要求。

1998年，英国颁布了《国家校长标准》，而后在2004年又进行了修订，该标准是以校长工作任务为核心进行分解的，包括校长的首要目标、领导效果、专业知识与认识、专业能力与素质、引领学校等五个方面。

在我国，面对教育改革与发展的现实需求，学界与政界纷纷通过学理分析或出台相关政策，聚焦校长的教育责任与使命担当，对"教育家办学"的呼声也越来越强烈而紧迫，努力克服教育的行政化、功利化、平庸化倾向而回归其专业本质。正是在这一背景下，教育部陆续颁发了基础教育各学段的校长专业标准，明确规定了校长的专业职责，确立了校长专业发展的主要方

---

[30] 刘建, 张新平. 美国教育领导者专业标准 (PSEL2015): 形成、特点及启示 [J]. 教育研究与实验, 2017(2): 12–18.

向，体现了倡导教育家办学的要求。

各国校长专业标准都将关注点聚焦于学校发展规划、课程与教学、学校组织与管理、学校与外部环境的关系，最终指向学校教育质量的提升和学生的发展。

有的学者把校长领导力的发展分为四个层级。[31]第一层级，"头衔依赖"层，即仅仅通过职位来影响他人，只是从工作内容、要求、检查、控制、考核评比等方面扩大影响力，那么教职工只能被迫服从，而且只会服从校长职权范围内的命令。

第二层级，"关系影响"层。校长能利用自己的职位打造与教职工的亲和关系，利用各种机会与教职工建立互信关系，不仅关心教职工在学校完成的工作，还关心每个人的生活、健康、家庭、困难、工作表现、薪酬、职务、专业发展等事情，校长以善意的魅力扩展自己的影响力。

第三层级，"业绩表现"层。校长若能有足够的能力带领教职工不断取得进步，领导学校获得突出的业绩，此时校长在领导力台阶上更进了一步，教职工在校长的带领下顺利完成了工作，从而赢得了个人专业的成长与尊严，于是教职工就会更依赖校长，期待校长指引前进的方向，继续带领他们共同走向更加优秀。

第四层级，"人才培养"层。校长要将精力倾注到下属干部和教师身上，全面把握"教师发展为先"的领导原则。校长应当成为干部的导师，帮助下级干部开发领导技巧、修炼管理才能；校长还要成为"教师的教师"，采取各种方法推进教师学习，使每一位教师都能成为专业发展的"自我塑造者"。因此，校长的领导力不仅仅受制于职权，优秀的校长能够超越职权影响他人，它不仅是决策某件事的能力，而是在一切学校发展诉求中，富有教育意义的价值体现和正确表达，并在符合教育本质的前提下，以灵活的方式影响上级

[31] 林卫民.校长领导力的困境及其突破 [J]. 人民教育，2019(1): 38.

部门、同级单位以及全校教职工。

每个国家的校长领导力构成都基于自身的文化背景和教育实际，因此有必要构建具有我国特色的校长领导力。我国中小学校长专业标准的六项专业职责中，"规划学校发展、营造育人文化"——体现校长对学校的价值领导，既坚持正确的办学方向，也为学校特色发展留空间，是校长专业职责的灵魂，我们将其归纳为校长的价值领导力。"领导课程教学、引领教师成长"——体现了校长对学校课程教学工作的领导，这也是提高教育质量和学校竞争力的关键所在，我们将其归纳为校长的课程教学领导力。"优化内部管理、调适外部环境"——体现了校长对学校组织管理工作的领导，是提升学校办学水平的组织保障，我们将其归纳为校长的组织领导力。同时，将能够改善以上六方面所需的时代视角和创新精神归纳为校长的变革创新领导能力。

所以，本书的校长领导力构成要素确定为校长的价值领导力、课程教学领导力、组织领导力和变革创新领导力四项（见表1）。

表 1 校长领导力的构成要素

校长领导力构成要素	校长领导力表现
价值领导力	校长能够明确学校的办学定位，制定明确的学校发展目标，确保学校愿景表达清晰、共享与理解，能够使全校形成价值共识，注重通过办学理念引领大家，建立开放、互助、学习的校园文化。
课程教学领导力	校长领导课程教学设计，指导课程教学实施，开发课程教学资源，引领课程教学变革，促进教师专业成长，改善学生学习效果，不断提升教学质量。
组织领导力	校长在学校内外调度整合资源，建立扁平、授权、开放、支持的组织结构，建设合作、信任、对话、协商的组织文化，加强管理团队建设，制定合理的内部管理制度，使学校工作有序运行。
变革创新领导力	校长能够在尊重教育规律的前提下，引导师生以探索、开拓的精神积极开展教学工作和学习。

二、全面提升校长领导力

校长是一所学校的灵魂和旗帜，提高校长领导力是办好学校的关键。提高校长领导力主要表现在以下几个方面：

（一）提升校长价值领导力

校长的价值领导力是校长从学校的育人使命出发，有意识地运用人类基本价值、社会主流价值，去规范、引导和整合学校成员的个体价值观念，以解决管理工作中存在的问题、激活教职工内在愿望与潜能、提升育人效果、实现组织目标和愿景的能力，是校长对教育过程中核心价值思想的倡导、运用和创造的能力。当然，价值领导力作为一种以价值观为主的领导方式，是校长个体价值观与组织发展状况的结合，其作用的发挥不能忽视所在情境的状况，也不能忽视多种领导方式的结合。校长应不断强化自己的价值领导意识，不断推进自己的价值领导实践，深刻反思，不断创新，努力做好凝聚人心、稳定人心、鼓舞人心和温暖人心的工作，不断提升价值领导水平，以价值领导力推进学校发展。[32]

1. 提炼确立学校的共同愿景

学校共同愿景是学校发展的终极目标，是对学校前景和发展方向的一种高度概括，是对学校发展战略目标达成后的全面景象的描绘，是学校鼓舞士气、凝聚人心的核心动力，是学校持续发展的精神源泉，对学校的长远发展具有十分重要的凝聚和引领作用。它包括学校长期的计划与未来发展的景象，是连接学校现状与未来景象间的桥梁。对于校长自身而言，好的愿景提供行动的目标，并帮助自己清晰地看到学校的现状与未来之间的差距，引导其超

---

[32] 代蕊华. 校长要不断提升价值领导力 [N]. 中国教育报, 2015-07-09(06).

越目前的情境，实现学校的变革与成长。对于学校教师而言，成功的愿景不仅告诉教师应该做什么，不应该做什么，而且还要让教师知道这个愿景为什么是有价值的。一个成功而迷人的愿景还能够赢得学校外部管理者的支持和帮助。

作为学校的掌舵人、学校发展规划的总设计师、学习文化氛围的营造者，校长最重要的工作是明确带领全校师生的前进方向，确立一个吸引人而且长久的共同愿景，这是校长的首要任务。校长应该明确教育使命和工作重心，提出实现愿景目标的有效策略，系统地把握学校的过去、现在和未来，对学校的优势劣势有充分的了解，找出学校的办学特色，从而深入挖掘学校的发展潜力，构建基于自身历史和特点的学校文化，坚持走可持续发展和内涵式发展之路。尤其要关注现代教育价值，梳理自己的教育经历，凝练自己的教育理念，提出明确的办学思想，牢牢把握学校价值方向，并将之充分落实到学校工作的各个层面。

校长价值领导力应体现在办学宗旨和办学方向上，必须旗帜鲜明地贯彻落实党的教育方针，必须全面践行社会主义核心价值观和中华优秀传统文化的传承，必须立足学生的全面发展，聚焦发展学生核心素养，坚持育人为本、立德树人的素质教育价值取向。

2. 凝聚师生员工的价值共识

校长的价值领导，决不是校长一个人的领导，需要将校长对教育的认识和价值追求转化为师生共同的价值追求，需要把校长的价值观变成学校的共同价值观，并把愿景转换成一致认可的目标和可操作的计划，使学校能有效地按照愿景行动，这将保证学校质量的持续提高。价值引领可以激发教师的文化自觉，唤醒教师关注生命、尊重生命和关怀生命的意识，使教师传递爱和幸福。通过规划学校发展，塑造共同愿景，明确办学定位与目标，关注学校学习共同体的规范建设，加强专业理想教育，培养价值观的追随者，以达到学校价值的最大认同。

虽然学校愿景的建立反映了校长的办学理念和教育价值诉求，但这并非意味着校长单方面就能决定学校愿景。建立学校共同愿景，校长不能简单地以个人的权威或行政权力来解决问题，而应该营造一个轻松和谐、畅所欲言的环境和氛围，建立一个平等、开放的讨论空间，通过平等协商，使学校利益相关者从价值认同出发来思考问题，摒弃敌对，增强包容，达成共识。因此，学会倾听教师们的声音，鼓励教师表达对学校发展愿景不同的看法，引导教师参与到学校愿景的构建中来，这本身就是对教师最好的激励，也是引导教师深入地理解学校发展愿景，积极主动地与校长共同实现这一愿景的基本动力。让学校每一位成员能够在愿景中求寻自己的理想，并促使师生为了学校的愿景、自己的理想努力学习和工作。

3. 坚守践行学校的价值追求

校本治理强调学校是办学主体，校长作为治理中的灵魂人物，将自身的领导力转化为潜在的思想价值观，同时也确定了教职工在校本治理中的主体地位，在管理权力下移的过程中促进学校治理实效性的提升，共同促进校本治理目标的实现。价值领导绝不是停留在观念层面，更要体现在行动之中，要监督愿景和计划的执行情况，在行动中体现愿景和价值，从宏观上和微观上两方面形成学校的运转模式，校长要让价值理念浸润在学校管理和师生行为中，坚持依法治校、以德立校。

教育性是学校的本质属性，一个理想的学校，应该是充满人文关怀的教育组织，是重视沟通与合作的学习共同体、迎接挑战和主动变革的实践主体。确立共享价值观即"共同体规范"是最重要的领导替身，它确定了人们的道德责任和义务，正是由于对理想的追求、对学校愿景的追随、对教与学一系列信仰的承诺，人们才会全力投入他所信奉的东西。校长要善于带领全校员工将学校愿景落实到每一个环节中，善于把办学的价值取向转化为学校各类教育活动实践，在领导教育教学活动中形成规范，引导全体员工自觉认同并成为他们的自觉行为，发挥教师作为学校第一资源的作用，鼓励他们为实现愿景而奋斗。因此，校长必须具有广阔的价值视野，要从教育的本质出发，对学校精神进行阐释，对办学理念进行提炼，对办学目标进行总结，对办学过程进行引导，从而在实现学校的价值追求中发挥示范和领导作用。

（二）提升校长课程教学领导力

教学是学校的中心工作，是实现育人目标的关键。提升校长的课程教学领导力，不仅是适应时代发展和教育改革的要求，更是推进学校内涵发展和高质量发展的需要，也是校长自身不断走向专业化的内在需求。校长的课程教学领导力是校长领导课程教学设计、指导课程教学实施、开发课程教学资源、引领课程教学变革的能力。校长通过加强课程教学领导，不断提升教学质量，促进教师专业发展，改善学生学习效果，促进学生健康成长。[33]

1. 领导课程的规划设计

校长是学校课程规划实施的总设计师，要围绕学校的发展目标和办学定位，构建新的课程理念，引导教师积极地进行课程开发和建设，不断提升课程规划能力，重视课程的实践性、多样性和选择性，丰富学生的课程学习经历，发展他们的核心素养，提升学生的学习品质。校本课程是学校特色的主要载体，是学校文化内涵最为丰富的组成部分，体现了学校的综合实力，彰显了教师的专业素养，校长要统筹国家、地方、学校三级课程要求，智慧建构地方课程，创造性实施校本课程。

对于校本课程的开发，校长要善于充分挖掘校内外的各类资源，不断丰富学校的课程体系，如综合实践活动课程和社团课程。要创造更丰富的可供学生自主选择的课程，一方面要积极应对当下的考试制度改革，提升学生的考试成绩，确保课程的教学质量，同时更要坚持全面实施素质教育，保证学生知识体系的科学性、完整性与先进性，实现学生全面而又有个性的发展。

---

[33] 代蕊华. 校长要不断提升教学领导力 [N]. 中国教育报, 2015-09-17(07).

课程规划设计是一项专业性很强的工作，校长要想成为一名优秀的学校课程领导者，就需要加强自身的课程理论素养，具备课程开发、课程设计、课程实施、课程评价等方面的专业理论知识。校长要为教学的有效实施提供充分的资源与环境支持，在充分挖掘与整合校内资源的基础上，拓宽综合实践渠道，充分利用社会教育资源，因地制宜打造学生社会实践大课堂，建设一批稳定的学生社会实践基地，充分发挥宣传爱国主义、优秀传统文化、军事国防等内容的教育基地，以及高等学校、科研机构、现代企业、美丽乡村等方面资源的重要育人作用。

2. 加强教学的指导协调

校长要强化教学的常规管理、过程管理和制度建设，保障教师的良好教学环境，重视教研团队建设，促进教师不断反思，提高教师的教研意识与能力。新课程改革倡导自主、合作、探究的学习方式，将关注点更多放在激发学生兴趣、生发知识、培养学习能力上，让课程教学成为师生情感互动、知识交融、思维共生的过程。校长应深入课堂，经常与师生交流共处，随时随地指导教学实践活动，熟知学科特点及因材施教的规律，指导教师及时调整教学安排，擅于发现教师教学活动的闪光点，总结优秀的教学经验，积极营造共享的组织氛围，帮助教师持续改进教学，关注与学生的交流，全面了解学生在学习时遇到的困难，了解学生对学校教育的要求，及时引导学生的学习行为。

在实施新课改新高考制度之后，怎样排好课表已经成为学校亟待解决的专业问题，如何处理好不同学生的不同选择，将会直接影响到学生的学业成绩和学校的教学水平。在新课改新高考背景下，高中学校开始实施分层走班制，通过走课的形式组织教学，面对不同班级学生学习能力差异的情况，如何评价两个班级任课教师的教学质量，并根据相应结果对教师的教学方式进行改进，这也是校长面临的另一个棘手的问题。教师教学质量的评估要求学校解决好课堂教学有效性的问题，促进教研团队建设，并建立起相应的课堂评价体系，对教师教学工作的考评机制要合理，要让教师感觉到公平。

面对新高考和新课程，高中学生有了充分的选考权利和选课空间，但同时也产生了如何选好课程的问题。让学生享有真正高质量的自主选择课程进行学习的权利，就成为校长需要认真思考的问题。这需要其不断研究教学，思考教学，以教育教学中的实际问题为出发点，以解决问题、提高教育质量为落脚点，增强科研意识，提高科研能力，大胆探索教学改革。

3. 关注教学改革的引领作用

基础教育的课程与教学需要不断变革，以适应学校发展和学生成长的需要。校长要鼓励教学方面的新尝试，对创新人才进行激励，努力成为教学改革的激励者和教学经验的创造者。校长要构建发展性评价体系，建立健全教学评价和教学质量测评机制，要经常深入教学一线，指导开展专业的说课听课评课，把自己的办学思想、办学理念传递给老师，不断提升教学指导水平，在教改教研中提升校长领导力。

基于当前校长课程教学领导的现实状况，着眼于适应未来对校长课程教学领导的要求，需要校长实现以下转变。

第一，从行政领导走向专业权威。课程教学领导更强调校长对于教学的引领作用，校长不只是借助行政权力就可以办好一所学校，更多的是要借助自己的品行、学识、人格魅力等非权力因素，在师生中产生信服力、感召力、凝聚力。因而，校长要不断提升非权力性影响力，通过自我修炼和参与多种形式的教研活动，不断提高专业权威，以自己的专业威望引领教师教学水平的提升。

第二，从技术领导走向文化领导。校长的课程教学领导不同于教师、教导主任或者业务副校长，要立足于课堂，但又不能拘泥于课堂；关注教学的技能技巧，但更要超越出技术方法。校长的课程教学领导，不仅要体现在常规管理活动之中，更要体现对教学工作的价值引领。要关注教学文化建设，营造科学的育人文化，发挥文化的引领作用。

第三，从个体领导走向共同领导。校长的课程教学领导体现在校长的个体素质与能力上，但绝不仅仅局限在校长个体上。教学领导需要改变校长"单打独斗"的状况，加强领导共同体建设；实施分布式领导，让不同成员根据自己的能力和环境条件的变化分享领导角色，让教学的所有参与者分享共同的教学理念，承担相应的教学责任。尤其要关注教师的专业成长，关注教师在教学领导方面的权力分享，使教师成为课堂教学的领导者，而校长则要成为教学"领导者的领导者"。

（三）提升校长组织领导力

校长的组织领导力是为了完成学校的目标任务所需要的影响力。这种领导力强调领导者与追随者、与同级、与上级的关系，更加强调领导力是多种因素、多种角色的相互影响的过程。[34]

领导是一门艺术，只有通过自身的人格魅力和非凡品质才能够赢得信任和尊重。校长的精神长相非常关键，所谓精神长相就是一种经过积累而沉淀下的内化的气质和胸怀，是一种只能通过心灵感受来触摸的内在力量。

校长的组织领导力，是通过各种组织机制建设，提供组织结构、流程、制度和文化，把个体和群体密切联系起来，共同为实现组织目标而努力。要提升校长组织领导力，需要在以下方面努力。

1. 提升校长综合素质

成功的校长应具备优秀的个人特质以赢得教职员工的尊敬，从而具备高度的团队号召力。校长的领导力应体现在校长专业成长、团队素养提升上，校长的专业成长是学校品质提升的引擎。校长应不断提高自身的政治素质，提升各方面的综合能力，按照校长专业标准的要求，不断提高自己的专业水平，努力做到政治过硬、品德高尚、业务精湛、治校有方，并且把领导力的提升看成是伴随终身的过程。

---

[34] 代蕊华. 校长要不断提升组织领导力 [N]. 中国教育报，2015-07-17(07).

2. 加强管理团队建设

学校组织领导力的提升，决不是校长个人的事情，而应成为学校所有人的职责，应逐步树立"人人都是领导者"的理念，调动其他领导人员的积极性，让他们充分参与到学校发展中来，齐心协力打造高效领导团队。校长要充分关心激励每一个人，注重领导团队、教师团队等不同团队的建设，逐步把学校建成道德的共同体、学习的共同体和关怀的共同体，给想干事的人以机会，给能干事的人以平台，给干成事的人以荣誉，给不干事的人以压力，为教职员工创造充分发挥能力的合作机制和和谐氛围。

3. 凝聚各方教育力量

有效的人力资源与物力资源是学校有效开展教育教学工作的重要条件，人力资源主要指学校管理人员、教师、家长、社区资源以及一些提供帮助的教育机构等；物力资源主要指课程资源、仪器设备、学校的基础设施等。校长能够对学校的运行、资源的利用实施有效管理，还要充分利用校外资源，与家庭及社区成员开展合作，整合社区资源，提升家长与社区的参与度，与校外机构加强联系，最大限度地利用优质的社会资源，引入先进的培训资源提高教师的整体水平。要在社会上树立学校良好的公共形象，打造学校的教育品牌，不断提高学校的"美誉度"，构建具有特色的文化教育园地。

（四）提升校长变革创新领导力

改革创新是时代发展的不竭动力，更是教育发展的时代主题。当前我国正处在全面深化改革的关键时期，教育领域也面临着深刻变革，学校在改革中的主体性不断增强、自主性不断提高，作为教育改革落地的实践者和执行者，校长应与时俱进，主动回应时代诉求，在教育理念和教育实践上不断创新，锐意进取，以实际行动和坚定决心，满足教育变革的需求。校长的教育变革创新领导力，是校长带领学校适应教育环境变化，发挥学校组织优势，探寻特色发展道路，引领学校教育变革的能力。一位好校长要具有与时俱进的创新能力，有对教育事业的热爱，对师生员工的挚爱，对时代脉搏的把握，对改革创新的思考与决断。教育的不断发展与变革对校长提出了更高的要求，校长不仅需要完成基本的管理工作，还要积极引领学校的改革，以适应变革的趋势。提升校长教育变革创新的领导力，是教育改革和发展的必然要求。[35]

1. 敏锐洞察学校教育环境的变化

当今世界正面临百年未有之大变局。世界多极化、经济全球化、文化多样化、社会信息化深入发展，新一轮科技革命和产业变革蓄势待发，互联网、云计算、大数据、智能机器人、三维打印等现代技术深刻改变着人类的思维、生产、生活和学习方式，国际竞争日趋激烈，人才培养与争夺成为焦点。优先发展教育，建设学习型社会，培养大批创新人才，已成为应对诸多复杂挑战、实现经济和社会协调发展的关键。教育与经济社会发展的结合更加紧密，以学习者为中心，注重能力培养，促进人的全面发展，全民学习、终身学习、个性化学习的理念日益深入人心，教育模式、形态、内容和学习方式正在发生深刻变革，教育治理也呈现出多方合作、广泛参与的特点。

校长要能及时把握这些变化，不断更新教育理念、教育思想，时刻保持对教育前沿的追踪，以开放积极的心态面对这些变化。学校是迎接挑战、主动变革的实践主体，面对复杂多变的社会环境以及诸多的改革要求，学校必须主动迎接挑战，校长须从被动执行者转变为创造性执行者，既要遵循教育规律，又要尊重个体的成长；既要具有全局视野，充分借鉴其他国家和地区学校的先进经验，又要充分发挥教师的主体精神，紧密结合学校实际，主动创新，只有这样，才能推动学校变革的成功进行。校长对教育环境敏锐的洞察力是提升教育变革创新领导力的关键。

2. 营造支持学校变革的组织环境

当代社会快速发展，学校外部环境不断变化，要求学校必须与时俱进，

---

[35] 代蕊华.校长要提升教育变革领导力 [N]. 中国教育报，2015-10-08(07).

不断改进与革新，只靠传统的科层制组织架构已无法应对。校长的关键任务是创造支持学校变革的组织环境，构建起具有灵活性与创造性的组织架构，适应学校作为知识密集型组织的特点，积极采用分布式领导方式，构建扁平化组织结构，将权力分配到学校不同的组织群体中，充分发挥整个成员的聪明才智，重视正式组织与非正式组织的共同作用，协调组织中正式领导者和非正式领导者之间的关系，发挥民主参与的智慧与力量，共同实现学校的发展目标。

除此之外，还要创造有利于变革推行的心理环境。校长首先要在中层干部和教师中间形成一种心理认同感，然后鼓励教师共同推进变革。在社会条件还不够充分的情境下，校长如何坚守自己的社会责任感和教育使命感，如何创造性地培养具有创新精神和实践能力的人才，如何在教师、学生、家长等各方面都能接受的基础上推行变革、有效推动学校发展，是校长需要认真思考的问题。在学校变革的过程中，与干部教师建立理解是非常重要的，不仅让教师知道怎么做，还要让他们了解"是什么""为什么"。

3. 充分发掘学校变革的组织优势

在深入推进基础教育改革、全面实施素质教育的今天，校长应该充分认识到学校变革的必要性和重要性，要善于把握全局，结合学校原有基础和办学实际，充分考虑学校发展的个性化、差异化、多样化和特色化，构建学校独特的办学理念和支持变革的文化环境，摸索出学校自身的发展规律，逐步形成特色鲜明的办学方式，在更大范围内引领和推动教育变革。

校长要进行学校变革创新，首先要清楚学校在教学与管理中的优势与劣势，不断发掘优势，积极弥补劣势。具有变革创新领导力的校长，需要科学规划学校发展，明确办学目标定位，推行基于学校核心价值观为基础的领导方式，建立扁平、授权、开放、支持的组织结构，打破过去科层制组织结构的模式，统筹战略举措，优化资源配置，通过整合多方力量，实现组织机构低重心扁平化，建立多元化的合作伙伴关系，保证学校组织机构的高效运转，实现组织效能的最大化。推进制度创新，最根本的是要抓好流程再造，建设合作、信任、对话、协商的组织文化，协调和规范组织成员的行为，采用激励而不是强制性的手段提高组织成员的工作效率，提高决策的参与度，并不断适应内外环境的变化，建设开放的学校系统，鼓励并推进学校的持续变革，对各项工作的流程、清单加以规范，以提高学校组织效能。

4. 扎实探索富有特色的变革之路

如何在"应试教育"盛行的大环境中，使学校的教育与人才培养具有鲜明的校本特色，使校长真正实现从学校管理者向教育家的转变，将深刻考验着校长的领导力。教育的终极目的不是学生的学业成绩，而是学生人格的养成和终身学习能力的培养。因此，在现实与理想之间，校长需具有战略眼光，顺应时代的发展与需求，这就要求校长能及时把握先进的教育理念，把握学校变革的总体趋势，在结合自身办学水平的基础上，科学规划学校的发展方向，并整合多方力量，使改革能够脚踏实地、循序渐进地开展，为培养优秀人才奠定坚实的基础。只有这样，才能在竞争激烈的环境中保持学校核心竞争力，树立品牌，赢取更多的社会支持与教育资源，才能促进学校的优质发展，带领学校在教育改革的大潮中从成功走向辉煌。

5. 坚持推动新时代学校改革发展

改革评价导向机制，把立德树人成效作为检验学校一切工作的根本标准。满足人民群众不断增长的对高水平高质量教育需求，学校应自觉追求教育内涵发展与质量提升，健全立德树人落实机制，建立一套科学、完整的教育评价体系，从根本上解决教育评价"指挥棒"问题。凡是不利于实现立德树人根本任务的做法都要坚决改过来，让那些针对学生能力与核心素养的教育教学方法创新、人才培养模式探索、课程与教材体系建设等，真正成为教育改革创新的主流。

激活大数据时代的教育创新，形成更高水平的人才培养体系。随着"互联网＋教育"时代的来临，通过教育信息化实现教育现代化，实现信息技术与教学的双向融合已成为教育创新的新形势，虚拟现实将在多媒体与计算机教学后重新改造人们的学习方式，微课、慕课、翻转课堂、混合式教学模式、教育资源云服务等信息化教学技术，将变革日常教学方式和学习方式，也给教师提供了更大空间的资源共享平台。

唯改革者进，唯创新者强，唯改革创新者胜。校长的领导力水平决定着学校变革与改进的质量，改革已成为国家发展的动力源、民族复兴的助推器，更是推动教育事业发展的根本动力。新时代要求校长有更高远的历史站位、更宽广的国际视野、更深邃的战略眼光。校长教育变革创新领导力的提升，既是学校作为教育变革主体的客观需要，也是回应时代发展的必然要求。校长应在积极适应与引领中推动教育变革，以学校变革的示范性成果，推动整个教育事业的变革，从而对社会的发展、对时代的进步作出更加积极的贡献。

学校管理的变革，既是校本治理现代化的要求，也是发挥学校教育整体功能的必然选择。适应学校管理变革的要求，校长要坚持价值领导，强化教学领导，优化组织领导，从而不断推进教育治理现代化，让学校充满教育的激情，洋溢着改革创新的活力，展现出独具特色的精彩。

四、提升校长领导力的实践路径

校长领导力的提升是一个系统工程，既有校长自身的因素，也有外在的因素，具体表现在以下几个方面：

（一）营造良好的教育生态

校长的成长与发展是在内外因共同作用下进行，需要学习和锻炼，需要组织和个体共同用力，既离不开各方面的支持与保障，也离不开校长个体强烈的自我塑造愿望，建构实现校长成长的支持系统，突出教育生态环境、政府及社会支持、专业支持的重要作用，为校长成长营造宁静自由的生态环境。

在良好的教育生态环境中，有着强烈自我塑造意识、较高自我塑造能力、持续开展教育行动的校长，才能真正实现专业发展与成长。

1. 建立科学的选拔制度

要把优秀的教育管理人才选拔到校长岗位上来。中小学校长通常来自教师群体以及教育学者和教育行政官员，针对具有不同教育背景和工作经历的校长，需要设计多样的选拔方式方法，在资格审查、民主推荐、公开竞争、聘用期限等各环节做到制度化和规范化，综合运用面试、情景模拟、角色扮演、现场教学等方式，以保证不同经历的人都能够在选拔过程中完整展现自身的优势和劣势，既要"有格"，又要"不拘一格"，既要在德、能、勤、绩、廉等方面全面考虑，又要确立以教育教学实践能力和教育管理能力为重点，注重专业素养，从而使选拔更加科学有效，为校长的培养提供可靠的人才资源保障。要根据其以往的履历和业绩，选拔在教育思想与教育理念、教学与学习能力、领导能力与管理战略以及个人综合素质等方面具有成为优秀校长潜能的人才，给予有针对性地培训和历练。

2. 构建协同支持系统

校长成长依靠个人努力、组织培养、岗位锻炼、激励机制等几个核心要素，需要良好的环境和适宜的土壤，需要通过营造良好的生态环境，从制度、文化入手，让一批有教育理想和教育情怀的专家型校长脱颖而出。充分发挥各级教育行政部门在校长培养工作中的战略规划、政策导向、管理使用、激励机制等工作中的领导作用，将"选、育、用、管"有机融合，探索构建"公开遴选、集中培训、实践锻炼、跟踪管理、择优使用、动态调整"六位一体递进培养链条，统筹兼顾，形成合力。构建以教育行政部门、社会、学校和个人提供的制度支持、专业支持、舆论支持和同伴支持为主要支持资源的社会支持系统，形成教育行政部门领导和推动、大学和专家系统参与支持校长培养的共同体，营造友好、互助、信任、宽容、理解的教育环境。

3. 健全评价激励机制

提升校长领导力，需要改进现行的中小学校长评价制度，为校长领导力提供成长的空间。评价需要有科学的评价准则与标准，将校长应该做的事情具体化，探索体现专业化要求的能力评价体系，量化具体指标，合理赋予分值，用清晰简洁的语言将评价内容阐述清楚，并尽量做到可观察与可测量，使考核真正成为促进校长专业能力提升的风向标。在评价内容上，根据学校的规模和性质制定不同的评价内容与标准，不能仅仅用学生的成绩、升学率等容易量化的指标，应该把校长工作绩效与专业素养一起纳入评价内容。要完善校长职级制改革，拓宽校长职业发展空间，促进校长队伍专业化建设，理顺政府与学校之间关系，形成教育行政部门宏观管理与校长行使办学自主权相结合的管理体制，形成符合中小学特点和校长成长规律的、稳定而有效的考核激励机制。

（二）构建高效的培训机制

实践证明，培训在校长成长过程中发挥着不可替代的促进作用。因此，构建高效的培训机制、优化培训活动，对校长的培养具有重要意义。培训要结合校长的角色要求，制定科学的培训目标，设置完善的培训课程，重点加强校长办学能力、教育管理能力、教育科研能力培训，引领校长研究教育教学规律，走专家治校之路。要加强培训机构及培训师资建设，完善体现专业化要求的教育培养途径，不断增强培训的针对性、实效性。引领，不仅是理论引领，而且是实践创新的引领。高质高效的培训，可使校长接受先进的教育理念，提高专业素养和能力，促进权力合理运用，提高校长组织实施素质教育的能力和水平。

1. 科学筹划培训项目

各级教育行政部门和教育培训机构，要以促进校长专业发展为主线，遵循校长成长发展规律，围绕《校长专业标准》中的专业素质要求，针对不同层次、类别、岗位的校长，以及校长成长的各个专业发展阶段，落实建立"任职资格培训""提高培训""高级研修"和"专题培训"的支持系统。其中，任职资格培训重点提升校长依法治校能力，提高培训重点提升校长实施素质教育能力，高级研修重点提升校长战略思维能力、教育创新能力和引领学校可持续发展能力，专题培训重点是结合当前办学中的重点、难点、焦点问题而进行的问题引导式培训。要区分和确立每个层次的培训目标，构造标准体系和课程体系，完成相对独立的培训任务，明确三层次的递进关系，构造衔接链条，避免重复和孤立，追求整体培训效益的最大化，使每一个层次的培训都体现校长专业能力的提升。校长的专业特征主要体现在教育情怀、教育思想、教育实践、教育影响等方面，培训活动都要围绕这些方面进行。基于校长希望能够获得实用、具体、可操作的策略与建议，提高专业和职业方面的能力的学习要求，培养培训部门应以校长为中心，合理制定学习目标、学习计划、评价方法等，探索有效的培训模式。结合校长应该具备的新观念、新思想，需要具备的教学指导技能和领导管理能力，制订针对性的培训计划，并结合实践问题与情景展开培训，以提升校长解决工作困境和迎接挑战的综合能力。

2. 探索个性化培养方案

根据校长成长的个体差异和学校差异，结合其个人需求和办学过程中的实际需要，实行个性化培养方案。大部分校长都是从教师成长而来，教学能力突出、管理经验丰富，但是仍存在教育理论基础不够深厚、教育研究有所欠缺的特点。要深入了解每位校长的个性特点，分析校长的理论与实践短板，认真诊断每位校长成长发展的优势方向，潜心观察每位校长实现自我超越的能力，结合校长的成长经历和需求进行有针对性的指导，帮助每位校长实现自身成长。要改革教学方式方法，通过导师校长双向互动，开展制定学习规划、开展项目合作、发表论文成果等形式，进行个性化培养。要鼓励校长独立思考、自由表达，增强他们的自信心，激发和挖掘他们的想象力、创造力。

要采取理论导师和实践导师的双导师机制，将针对每个人、每个阶段的不同需求和不同的教育问题，有针对性地进行讨论与培养，突出个性化特点，引领校长进一步提升对教育理论与实践的理解，逐步形成自己的教育理论体系和实践风格。

3. 创新培训培养模式

开展参与式培训。以学习者为中心，以活动为基础，依靠学习者已有的知识、技能和经验，以培养技能和提高专业能力为目的。这样的培训方式可以帮助校长在教育思想、教育经验、实践活动等方面的讨论、互动。同时，可以充分利用信息技术，开展远程指导与互动。培养培训是一个长期的过程，需要不断跟进和反馈，将现代信息技术融入其中，可以巩固培养培训成果，引领校长的长期学习与成长。

开展情景培养。校长并不是在大学校园里直接培养出来的，校长领导力提升关键在于岗位实践。要紧密结合中小学教育教学实际，在培养过程中充分融入国内外优秀中小学校管理案例课程，提升校长教育理论与实践的反思力。要从校长最为关心、最迫切需要解决的、最感兴趣的专题入手，确立培训目标、设计培训课程，并根据学习情况及时调整培养方案，为校长提供个性化、多样化的选择和学习机会。

校长合作交流。突出培训过程的"实践——反思性"，这是提高校长领导力的重要路径。在培训中，校长要树立反思意识，反思自我和他人的经验，提供交流沟通的平台，让校长分享各自的办学经验，交流办学思想，反思办学中遇到的各种问题，展示思考和追求，这有助于校长教育理念与办学思想的凝练，将实践经验上升到理论阐释的高度，为优秀教育思想的孕育创造条件。要在总结反思中提炼学校发展特色，进一步科学规划学校未来，要敏锐地发现问题、诊断问题，及时把消极因素转化为积极因素，促进学校发展。

开展跨界培养。单一学科的知识和技能无法解决教学与管理涉及的方方面面的综合问题，单一学科知识也极大地限制了创新型人才培养。要实现跨学科、跨学校选课，以跨学科培养模式，为校长提供尽可能开放的培养环境，拓展其文化视野，提高其运用综合知识解决复杂问题的能力，实现全方位发展。当今世界教育变革呈现多元化的现状，要提高开设实践访学课程，使校长善于在纷繁复杂的教育样态中进行比较研究，找到教育的通行范式，不断丰富校长们的办学视野。在与历史和哲学的对话中提升校长思考力，在深厚的历史积淀基础上坚定远大的教育理想，在丰富的哲学素养基础上形成自己的教育思想。

4. 强化校长的实践历练

校长不是单纯的思想家、理论家，而是立足于校园之中的实践家，这就决定了校长领导是指向实践、扎根实践并服务实践的。提升校长领导力，仅仅扩充学习理论知识是不够的，还要通过实践的历练。优秀校长不仅要在理论上有所建树，更要在办学绩效上有卓越表现，诚如当代管理学家彼德·德鲁克所言，"管理是一种实践，其本质不在于'知'而在于'行'；其验证不在于'逻辑'，而在于'成果'，唯一的权威就是成就"[36]。为此，培训设计要有助于校长的思想和知识的产出，以及学校办学特色和成果的提炼。校长领导力的提升需要在学校实践中加以落实，通过影子培训、跟岗学习、挂职锻炼、会议研讨、出国考察等方式，切实增强校长的治校能力，带动校长成长。通过交流任职、管理咨询等方式支持学校管理改进，使其在不同的教育情境中，面对不同的学校环境和领导对象，积累丰富的领导管理经验，拓展校长的实践视野，不断提高校长领导力。

5. 优化课题的研究方式

校长要结合办学实践和理论学习，选定研究课题开展行动研究，形成自己的办学特色。通过行动研究，一方面提升校长们的学术研究能力，另一方面进一步提升校长的实践理性，使其不断完善实践体系，逐步形成自己的教

---

[36] [美] 彼得·德鲁克. 德鲁克管理思想精要 [M]. 李维安，译. 北京: 机械工业出版社, 2016: 8.

育实践风格。要引导校长围绕教育与管理工作中需要解决的实际问题，进行有意识、有目的的研究，通过不断发现问题，持续研究问题，反思和改进教育和管理工作，提高自身的专业化水平，从而成长为研究型、专家型、创新型的校长。

（三）激励校长的自我塑造

校长领导力的提升，尽管受到多种因素的制约，但最终还是需要依靠校长自身的努力，校长自我塑造、自觉成长是实现专业成长、提升领导力的关键要素。校长进行自觉成长的前提是养成自我塑造的强烈意识和愿望，这需要校长在分析自身特点的基础上，有意识的、有计划的、有目标的发展和完善自身个性品质、知识结构，自觉地、主动地进行自我塑造。

1. 加强自身道德修养

提升领导力最直接、最有效的方式，就是校长通过提高自身综合素质，完善自身道德修养，改进自身领导行为，依靠自己的道德权威，不断增强自身的人格魅力，使师生增强敬爱感、敬佩感、信赖感和亲切感，使他们成为自己的追随者。领导力不只是单向的由领导者向被领导者发出的"力"，还包括被领导者正面的积极回应，只有得到全校师生的积极拥护、爱戴、敬重，才能让校长的权力行使更加顺畅，也才能更有效地对师生员工进行引导和影响，从而更容易实现学校的发展目标。

校长是师者之师、人之模范，具有领导教师、管理教师的职责，其道德修养的高低不仅决定了个人品格的高低，还直接影响着教师的道德水平，潜移默化地影响着学生的道德养成和品德塑造，影响着学校人才的培养质量。校长的道德修养与人格魅力是非权力性影响力的最高境界，也最为持久、最具感召力和凝聚力。校长必须以更高尚的道德境界要求自我，以更严格的道德标尺衡量自我，力争做到以德聚人、以德感人、以德影响人、以德激励人，严以律己，甘于奉献。通过自我学习、自我锻炼、自我反省，达到自我提升和自我完善。

修养首先是自我学习的过程，是通过学习获取知识来提高和完善自己。其次，修养是自我锻炼的过程，就是通过在实践中经受锻炼和考验，增长知识和才干，以提高和完善自己。再次，修养是自我反省的过程，就是通过自己反省自己、教育自己、改造自己，来提高完善自己。学习、实践、自省是修养的三种方法和途径，学习是修养的首要条件，实践是修养的根本途径，自省是修养的关键环节，三方面相互联系、相互渗透、相互促进，共同构成修养的行为过程。通过强化个人修炼，让校长领导力不断得到提高。

2. 树立终身学习意识

校长知识结构的厚度决定其领导水平的高度，校长知识结构的宽度决定其领导视野的广度。校长要牢固树立终身学习的思想，丰富自身的知识，提升自己的学术魅力，读书和行走都是长见识的方法。校长是"实践者"，同时也是"思想者"，没有阅读的积淀，教学与管理就难有章程，所以，校长要博览群书，多了解科学、文学、艺术、历史、哲学等方面的知识，提升抓住事物本质、掌握事物规律的能力。多学习古今中外教育家的思想与理论，提升办学理念，提高人文素养，引领学校发展。多了解社会政治、经济变革的趋势，持续学习教育法律法规政策，时刻把握学校前进的方向，真正搞清楚"培养什么样的人，为谁培养人，怎样培养人"的问题，理清学校发展思路。要通过不断学习，吸收和了解新的教学理论，积极探索新的教育教学方法，丰富自己的教学知识和教育认知，将最先进的教学理念、最前沿的教育信息传递给教师。要把握新时代学生成长的规律，探索适合学生成长的路径，把所学所悟对接于教育教学实践，通过实践去检验，通过检验去反思，通过反思去提升，从而不断凝练升华自己的教育思想，在不断学习中提升校长领导力。

3. 在锻造中实现能力重塑

校长要亲自参与课堂实践活动，深切体会教师的感受，深入研究课程、研究学生、钻研教材，以研究者身份深入课程实施；校长要善于运用教育规律，根据学校的教学实际，以新课程理念引领学校的改革发展，善于总结成功的管理经验，善于发掘现实中管理智慧，从而完善自己的管理实践知识。

校长要亲自主持有学校特色、有较大价值的课题研究，树立表率意识，与老师们一起调研分析现状，寻求改革思路，凝练改革举措，制定改革实施方案，最终使校长的教育教学思想，在迁潜移默化中转变为教师的教学观念，以自身的人格魅力和学识魅力引领教师专业发展，不断增强教师职业幸福感。校长只有具备了超前的眼光和卓越的学术见识，才能赢得教师的尊重，才能成为学校这个学术共同体的领导人，才能保证学校这一知识传承与创新机构的正确发展方向。

校长要在锻造中实现能力重塑，成为经营学校、塑造学校、实现学校可持续发展的领航人，为成为具有中国特色、中国智慧的教育管理专家而不懈求索。

第三章 校本文化建设

　　加快推进学校治理体系和治理能力现代化，构建中国特色学校治理体系，是实现学校内涵式发展的根本保障。学校文化是学校发展的精髓和灵魂，是指导学校健康发展的方向和指南，是学校的核心竞争力所在，是学校之间相区别的实质，学校文化体系已成为学校治理体系中不可或缺的一部分。所以，要实施校本治理，就必须在加强学校管理的过程中重视学校文化建设。

一、校本文化概述

　　学校治理说到底是一种文化引领，一所学校有什么样的存在形式和生活方式，就会有什么样的学校文化形态。一所学校致力于校本文化建设的根本目的在于通过提升学校的文化品质，提高其教育质量和育人水平。

（一）校本文化的内涵

1. 校园文化与学校文化

　　"学校文化"的概念最早脱胎于"校园文化"。校园文化最早出现在美国人类学之父华勒（Waller）的《教育社会学》一书中，他认为校园文化是在学校中形成的特别文化，主要由年轻一代的文化和成人有意识安排的文化构成。[37] 20 世纪六七十年代，学校文化建设在世界范围内引起了广泛关注。八十年代中期，校园文化在国内大学校园兴起，并逐渐成为研究热点。"校

---

[37] 张东娇. 论学校文化的双重属性 [J]. 中国教育学刊, 2016(2): 37-42.

园文化"的出现，适应了当时社会发展的形势，一定程度上改变了当时学生"死读书"的局面，丰富了学校学生的校园文化生活。进入 21 世纪，伴随着素质教育的深入推进及新一轮课程改革的实施，校园文化建设的重要性愈发凸显。2006 年教育部颁发的《关于大力加强中小学校园文化建设的通知》指出："校园文化是学校教育的重要组成部分，是全面育人不可或缺的重要环节，是展现校长教育理念、学校特色的重要平台，是规范办学的重要体现，也是德育体系中亟待加强的重要方面。"并从全面开展校风教风学风建设、组织开展形式多样的校园文化活动、重视校园绿化美化和人文环境建设等三个方面，对推进中小学校校园文化建设提出了要求。

校园文化最初是指相对于课堂教学而言的课外活动，主要指开展学校教育所短缺的艺术教育和各种文化活动，以及进入师生视觉的校园环境。因为"校园"更多是指空间概念，所以人们进一步将校园环境也纳入校园文化的外延范围。随着教育工作者和理论研究人员对校园文化重视程度的提高，大家感觉作为一种文化，校园文化应该包含学校的共同愿景、办学理念、管理方式、规章制度、行为规范等诸多方面，校园文化建设应该成为一项从上至下的系统工程，如果再沿用"校园文化"这一概念，恐怕难以确切表达其内涵，于是有人提出了"学校文化"这一概念。与仅仅强调空间概念的"校园"不同，学校是培养人、教育人的组织机构，学校文化表现为学校整体的思想、心理和行为方式，通过学校的教育教学、管理活动、组织和生活的运营而表现出来，是学校内部全体成员共同认可和遵守的价值观念、道德标准、行为规范、办学理念、管理方式、规章制度等的总和。[38]

学校文化是学校全体成员在教育教学和管理实践中逐渐积累和共同创造而生成的价值观念、思维模式、行为方式及其活动结果，以具有特色的学校精神、学校制度和物质形态为表现形式，影响和制约着学校全体成员的思想

---

[38] 倪筱荣. 论校本文化及其建设路径 [J]. 教育学术月刊, 2012(11): 37–39, 42.

和行为。[39]

也就是说，学校文化是一所学校精神风貌和文化气氛的集中体现，是学校在其历史发展过程中所创造和传承下来的物质财富和精神财富的总和，是一所学校经过长期发展积淀而形成共识的一种价值体系，突出彰显学校的办学思想和发展个性。

2. 校本文化的内涵

校本文化是随着校本治理的深入推进，由学校文化发展而来的概念。学校在发展过程中积淀、形成了丰富的校本文化资源，学校文化在学校中生长，从师生中生发，反映了师生的生命意义和精神追求，是历届师生创造的，有着独特的文化基因，校本文化必然源于本校，系于本校，用于本校，带有本校的鲜明印迹。由于每一所学校的发展历程、文化传统及所处的文化环境不同，必然表现出具有自身特点的文化气质和文化风格。

我们认为，校本文化是一个学校在长期的办学过程中所积淀并不断获得传承和发展的共同价值观念，是一所学校特有的文化气质和精神氛围，是一种难以被全部复制或仿造的文化品牌或符号。一所学校在长期发展过程中形成的独特校园环境、价值理念、思维方式和行为方式，以及由此形成的特有办学理念、办学目标、精神风貌、文化氛围和人文气息，是不断积累和传承的精神产品和物质产品的总和，是一所学校区别于另一所学校的特征和标志。

时代要求我们必须实施以学校为办学主体的校本治理，进一步扩大办学自主权，鼓励学校追求自己的发展目标、自己的教育风格，形成自己的校本文化，办出自己的特色，培育自己的核心竞争力。因此，确立鲜明的办学理念、形成独特的校本文化，是学校在实施校本治理、创建特色学校过程中必须把握的要素。

---

[39] 王定华. 试论新形势下学校文化建设 [J]. 教育研究，2012, 33(01): 4-8.

（二）校本文化的功能

校本文化是一种强大的教育资源和无形的教育力量，对于培养学生核心素养、培育和践行社会主义核心价值观，促进学生健康成长，促进学校内涵发展有着不可替代的作用。

1. 导向功能

校本文化体现一种办学理念和学校精神，追求一种人生目标和社会理想，诉求一种教育责任和价值取向，在一定程度上反映或折射出社会文化的主体导向，能够对学校所有成员的思想和行为提供参照系，并对学校自身发展及学生身心发展起着向导作用。这些教育准则和道德规范，起到约束、规范思想和行为的作用，引导他们朝着学校所确定的目标和方向发展。当学校的发展目标为师生员工所吸引、接受和认同，便会焕发出极大的工作和学习热情，就会在潜移默化的氛围中形成共同的价值观念，从而产生一种信念与力量。

2. 陶冶功能

校本文化以其精神特质陶冶着师生的情怀，其固有的内容是规范师生行为的非正式力量。校本文化所营造的是一种氛围和环境，其外显形态是学习工作环境以及人际关系，其内隐形态是以教风、学风和校风、学校传统、价值观念等方式表现出来的观念系统，对人的行为和情操起着耳濡目染、潜移默化的陶冶作用，人们对这种观念系统的认同内化过程，则是文化对人的陶冶和塑造过程。因此，优美的校园环境、先进的文化设施和图书网络资源，在给学生带来便利的同时，也给人以审美愉悦、优雅向上的精神力量。学校主流的道德意识和是非观念，对学生起着规范作用，使他们不自觉地跟随这种文化意识，人格不断完善成长，精神不断充实丰富，能力不断拓展开发。

3. 凝聚功能

文化是一种极强的凝聚力量。校本文化是学校师生员工共同创造并实现的精神产品，寄托了师生员工的理想和希望，其共同的价值取向和群体意识具有强大的凝聚力，如同一张无形的网，将全校师生凝聚整合起来，激发全校师生员工对学校的认同感、归属感和荣誉感，使师生员工自觉调整个体观念和价值追求，逐渐融入健康向上的学校集体，从而形成巨大的向心力和凝聚力。在学校文化的凝聚作用下，人们的思想情感和前途命运与学校事业发展紧密相连，从各个方面把师生聚合起来，就像心灵的黏合剂，把各个方面、各个层次的人都团结在一起，不断增强学校的凝聚力、向心力，从而激发全体成员的工作学习热情。

4. 规范功能

健康向上的校本文化对学校成员的思想观念、思维方式、精神状态、心理素质、行为方式和价值取向起到规范和约束作用，使其朝着积极的方向发展。校本文化的规范功能主要体现在制度文化的强硬约束力量。学校的各项规章制度，是师生经过长期的实践、总结、提炼而制定出来的，反映了师生的意愿，为师生共同认可。学校的办学思想、教育理念一旦成为全校师生的共同信念，就会体现在每个师生的思想、感情和行为中。

5. 激励功能

校本文化的形成经过了历史的积淀和现实的检验，体现了学校的办学特色、展现了学校的精神面貌，是激励学校和师生不断前进和发展的动力。良好的文化氛围，往往能产生一种激励机制，使每个成员的进步得到赞赏，做出的贡献得到奖励，优秀的校本文化总是有愿景、有期望、环境舒畅、朝气蓬勃的，可为学校成员提供良好的物质、精神环境，营造健康和谐的心理、人际关系氛围，满足他们的多层次需求，帮助他们树立起自信心和荣誉感，从内心深处产生一种奋发向上的精神和昂扬进取的斗志，使他们的动机意识得到强化，从而激励师生开拓进取，不怕困难，追求卓越，努力把学校的各项任务完成得出色，不断创造新的经验和成绩，促进师生和学校的内涵发展。

校本文化的形成，使学校存在着一种"文化场"，这种"文化场"是学校的一种气势，是一种相对稳定的学校心理现象，是一种学校精神。利用文化的影响来达成教育目的，是教育的至高境界，即"不教之教"。学校作为培养人的机构，其使命是促进人的全面发展，因此学校要为其所培育的人提供一个宽松自由的文化环境，在这种环境中可以充分彰显人的独立和个性、激发人的能动性和创造性。良好的校本文化以鲜明正确的导向引导、鼓舞学生，以内在的力量凝聚、激励学生，以独特的氛围影响、规范学生。要认同、传承与创新校本文化，不断提升自身的文化自觉，以实现学校特色的可持续发展。要着力加强校本文化建设，创新文化育人实践，放大文化育人效用，为社会培养输送高素质的优秀人才。

（三）校本文化的特点

不同学校有不同的文化特色和传统，校本文化体现学校发展的高度和深度，给人以依赖和信任。校本文化具有以下特点。

1. 传承性

文化传承与创新是学校的重要职能和使命。校本文化体现学校精神和风貌，既要反映社会主义的时代精神，又要继承中华民族以及本地区、本学校的优良传统，并有所发展和创造，是一代又一代人辛勤劳动的成果，具有独特、持久的历史效应。校风、教风、学风、学术传统、思维方式、价值观念的形成，是几代人缔造和传承的，其精神实质是永续永生的。

2. 选择性

学校担负着培养人的历史重任，学校文化必须符合党和国家的教育方针和培养目标，传播社会主义核心价值观和社会主流文化，以传递文化传统为己任。因此，学校文化必须对社会文化进行严格的整合和选择，并且经过一定的改造，然后才能传递给学生。

3. 创造性

校本文化是学校校长、教师与学生共同创造的，由于各校的历史不同，地域环境不同，发展水平不同，办学的理念不同，各个学校文化也会有自己的特色、特点和个性。但校本文化不是静态不变的，不是消极地接受前人的传统，而是与时俱进，不断地根据时代的要求和新的形势创造新的学校文化，所以学校的真正特色就在于学校文化的创新上。校本文化可以按照规律发展其自主性，形成自己的特色，而不像茶楼酒店等社会俗文化那样具有较大的随意性和盲目性，是学校紧紧围绕培养目标和规格，经过精心设计、严密组织而形成的系统文化，是一种整合性较强的文化。

4. 互动性

校长的办学理念、办学意识和行为对师生员工的影响不可低估，在校本文化建设中起关键作用。校本文化的形成和发展过程是校长、教师和学生之间冲突和融合、对立与统一的过程，经过校长、教师的教育引导，学生的自主学习领悟，逐渐达成共识与融合。学校文化往往以有形或者无形的方式，对置身其中的人施予影响，像和煦的春风一样，体现在校园的各个角落，渗透在教师、学生、员工的观念、言行、举止之中，渗透在他们的教学、科研、读书、做事的态度和情感中，使人在潜移默化中受到润物无声的熏陶。正是在这种不断地冲突与融合的过程中，校本文化发挥了教育年轻一代的功能。

二、校本文化的构成要素

校本文化是学校经过长期积淀形成的、彰显办学特色的显性文化与隐性文化的总和，也是衡量办学质量、文化建设水平的窗口。依据不同的分类视角与标准，学校文化建构内容维度可以划分为不同的组成成分。从组织文化角度看，校本文化可分为道德文化、教育文化、学习文化、教师文化和学生文化等几个部分。从其内容质属的存在状态与表现形式，可以分为精神文化、制度文化、行为文化和物质文化，这四个方面形成了一个有机系统，它们相互交融，相互渗透，共同构成了校本文化的特殊影响力。

（一）校本物质文化

校本物质文化是校本文化的空间物态形式和必要物质载体，是学校办学理念的物化表现，是校本文化的外在表现和标志。它反映着整个校本文化的历史积淀水平和样式、风格、特色，是推进校本文化建设的必要前提和条件，其建设状况在一定程度上直接影响着校本文化的质量和水平。

苏霍姆林斯基说过："教育艺术在于不仅要使人的关系、成人的榜样和言语以及集体精心保持的种种传统能教育人，而且也要使器物——物质和精神财富起到教育作用。用环境、用学生自己创造的周围环境、用丰富集体精神生活的一切东西进行教育，这是教育过程中最微妙的领域之一。"[40] 这些"器物"在教育的过程中起着不可忽略的重要作用，是学校教育的硬件，在一定程度上反映了一个学校文化建设的成效，而且这些物质文化也为开展教育活动提供了便利和条件。

物质层面的校本文化资源要素主要有：

（1）学校的基础设施、校园设计、建筑雕塑、人文景观等情况。校园里的各类公共设施，校园环境的绿化美化亮化，构成了师生学习、工作、生活的外在环境。校园里历史悠久、造型优雅的教室、图书馆、实验室等建筑，校志校史的撰写和校史馆的建设，内涵深刻、独具韵味的雕塑，林荫小路、参天大树、休读景点、亭台廊榭……都见证了一所学校的发展变迁，积淀着深厚的文化底蕴，是学校弥足珍贵的富有感染力的校本文化资源，镌刻着这所学校的风雨历程，是导引我们进入历史的最佳地图。优美洁净的环境，干净的走廊、教室、课堂则让人心旷神怡，为学习提供良好的场所和氛围。

（2）以教师为主体的教职工队伍情况。一所学校的发展，离不开全体教职工的共同努力。教师是学校的第一资源，是办学兴校的决定性力量。以教

---

[40] 苏霍姆林斯基. 帕夫雷什中学 [M]. 赵玮, 等译. 北京：教育科学出版社, 1983: 232.

师为主体的教职工队伍，既是校本文化的重要资源要素，也是校本文化建设的主体力量，教师的教育思想、治学态度、学术造诣和人格魅力直接影响着校本文化的建构与发展。

（3）学校所处的地理位置情况。德国哲学家斯宾格勒曾说过："每一种文化都植根于她自己的土壤，有自己的家乡和故土的观念，有自己的风景和图像。"[41] 一所学校坐落的地域、城市，所在地的地形地貌、风土人情和传统文化等，对其师生的思想观念、性格气质会产生潜移默化的影响，学校需要从中汲取丰富的养分，并通过教育性的转化，构建出属于自己的特色文化。

当然，这些广泛而复杂的物质元素，必须要由办学思想这一灵魂来统领。学校设计和建设要形象鲜明、造型优美，校园建筑要保持风格的统一和协调，建筑中要设置具有文化内涵和教育意义的景点，使之既能展示学校的历史传统，又能创造环境育人的良好氛围。物质文化是作为向学生渗透教育影响的"隐性课程"，作为校本文化的载体，在为教育提供保障的同时，也会对师生起到熏陶作用。

（二）校本制度文化

校本制度文化作为校本文化的内在机制，是校本文化建设的保障系统，主要包括学校内各种形式的行为规范体系、政策条例体系、管理制度体系、组织机构职能范围以及学校的传统和仪式等，是学校各部门及全体学校成员活动的重要依据，是确保教育教学等各方面的活动顺利进行的重要保障。校本制度文化主要是通过直接的制度约束以及体现在制度中的观念意识、行为准则等对师生产生影响，它是一所学校渗透在其组织架构、规章制度、工作流程、岗位职责中的办学思想、办学风格和办学特色的具体体现。只有建立起完整的规章制度，规范了师生的行为，才有可能建立起良好的校风，才能

---

[41] 韩明涛. 大学文化建设 [M]. 济南：山东人民出版社, 2006: 414.

保证校园各方面工作和活动的开展与落实。

制度层面的校本文化资源要素主要有：

（1）学校章程和规章制度等。学校针对自身存在的问题和薄弱环节，研究出台旨在推动发展、提升办学实力的政策措施，从而建构起规范教育教学、管理服务活动运行的制度体系。这些政策措施和规章制度保障了一所学校办学治校理念、教育思想观念、发展目标定位等的具体化与落实。一所学校的组织与管理文化是学校文化中最具有直接影响力的文化要素。

（2）师生长期遵循沿袭的制度性、习惯性做法。师生在工作、学习、生活中往往有一些约定俗成的习惯做法，为大家所共同遵循和践行。这些不同于其他学校、一般没有成文的强制性制度规定，主要靠师生言行相袭、口耳相传的自觉行动予以长期维系。

学校制度作为学校文化的重要组成部分，对于规范学校办学行为、教师教学行为、学生学习行为发挥着重要作用。制度文化既是维系学校秩序，规范学校师生言行举止的保障机制，又是学校文化持续健康发展的动力机制。

（三）校本精神文化

校本精神文化是校本文化的核心内容和灵魂所在，是学校在长期的教育教学实践中所形成的师生认同的独具学校个性特征的价值观念，以及长期沉淀所形成的学校精神，集中反应了学校师生的共同认识和追求，是校本文化最高层次的体现，是一所学校本质、个性、精神面貌的集中反映。学校文化结构中，精神文化是核心，是学校文化中最为持久、最有价值、影响最大的部分，对校本文化建设持续发挥引领作用。

精神层面的校本文化资源要素主要有：

（1）体现学校整体风貌的精神文化形态。如办学宗旨、办学理念、办学定位、校训、校风、教风、学风、校标、校歌、学校精神、使命与愿景等。这些是某一具体学校的办学传统、办学思想、文化底蕴和价值取向等不同于他校的独特表达，是其校本文化最核心、最高层次、最强区分度的资源要素。

（2）学校发展史上影响深远的重要事件。一所学校在办学历程中，总会发生一些有特殊意义的"大事"，对学校的文化发展产生深远影响。

（3）对学校发展影响较大的人物及其事迹。如学校的创办者、校长、名师、优秀学生、杰出校友等，他们或者具有深刻的教育理念，或者具有渊博的学识，或者具有独特的人格魅力，对学校发展产生深远影响，使师生长久缅怀、纪念。

如果说，优雅和谐的校园环境是教育生态环境的"硬件"，那么学校的精神文化建设就是"软件"，二者共同构成一种良好的学校氛围。这种氛围虽然无形，却有着一种滴水穿石的特别力量，对培养学生的人文底蕴和科学精神，起到潜移默化的作用，成为实施素质教育的重要途径和突破口。

（四）校本行为文化

校本行为文化是全校师生员工在管理、教学、学习以及其他教育活动中所展现的精神状态和行为操守，它动态地体现着学校精神、学校价值取向和办学理念。校本行为文化是学校师生对校本文化的实践，表现在实践过程中的行为特点、行为内容、行为效果。在校本行为文化建设中，既要重视学生的实践主体作用，又要重视校长教师及其他管理者的示范表率和引领作用；既要重视学校管理者的情感体验，又要重视广大师生的情感体验，力求使广大师生在行为实践中认同学校的管理理念、管理制度等，从而内化为发自内心的日常自觉行为，最终形成独特的校本行为文化。

校本行为文化是校本治理水平的外在表现，其主体主要包括学校领导、教职工和学生。校本行为文化一旦形成，师生就会在潜移默化的氛围中接受共同的价值观念，形成一股集体的信念力量，向着既定的目标努力。当具有特定文化内涵的学校形象被师生认同后，就会以微妙的方式来沟通师生的思想，使他们产生对目标的认同感，从而凝聚成一股强大的整体合力，团结起全体师生，规范师生的行为，进而推动学校事业朝着共同的愿景发展。

一所具有独特学校精神、办学风格、教育价值取向的学校，在办学过程中通常具有不同寻常的教学、学习、管理行为，其独特的校本文化也正是通过这些行为表现出来的。学校行为文化是学校"无处不在的管理者、行走着的规章制度"，对学校所有成员施以统一的影响，可以发挥巨大的教育能量。学校文化作为一种心态和氛围弥漫在整个学校之中，渗透到每个成员的活动中，使人时刻感到它的作用和约束，并以此来自觉规范自己的言行。教师、学生的具体行为，反映出学校文化建设与发展的水平，因此，在学校改进过程中必须加强校本行为文化建设。

除此之外，近年来也把课程文化作为校本文化的重要内容。开放、多样、个性、特色的课程文化形态，是一个学校教学实力的集中体现。而校本课程则洋溢着学校、地域的生动色彩，彰显出个性和生命活力的特征，是对课程文化的有益补充和拓展，最能彰显学校的个性特征，这不仅成为学校新的文化形态，而且也使全体师生成了学校文化的承载主体和学校精神的诠释者。

三、校本文化建设

校本文化是引领学校发展的灵魂，是学校精神内核的凝练，是全体师生共同遵循的价值体系，它反映的是学校优良的办学传统，体现的是管理者先进的办学理念，折射的是师生共同的价值追求，是师生精神家园的核心，是一所学校无处不在的"精、气、神"。

（一）校本文化建设的原则

校本文化建设要以改进学校实践、解决学校所面临的问题为指向，从学校的历史、现状出发，始终围绕培养什么样的人，如何培养人这一基本命题，寻找学校的文化突破方向。校本文化建设应在学校党组织的领导下遵循以下

具体原则:

1. 独特性原则

个性文化是学校的生命力,是不同文化在不断交流融合中坚持自我、保持个性化发展的精神支柱。学校办学的历史不一样,所处的社区资源不一样,教师的组成不一样,学生的来源也不一样,自然就有了不一样的气质,所以校本文化建设要注重结合实践,架构符合自身特点的学校生活,彰显学校的办学个性。这既是一个不断发掘学校办学历史的过程,也是一个寻找追求现代教育意义背景下学校坐标的过程。只有这样学校文化建设才会有"根"有"个性",才会值得学校中的每一个人去追寻。学校应客观分析学校发展面临的问题,对接学校育人目标、教育理念、价值追求,积极根据自身特点改革创新,创建个性化校本文化。

2. 导向性原则

校本文化的发展趋向是由时代背景、周边环境和学校自身历史共同决定的,其建设的方向应以社会核心价值取向为指引,同时以改善人的生命状态、促进人的全面发展为落脚点。要树立正确的国家观、历史观、民族观、文化观,切实增强文化自信,积极培育和践行社会主义核心价值观,深入开展中华优秀传统文化教育,从回顾历史中确定校本文化建设重点,从群众智慧中提炼校本文化理念,从营造氛围中统一学校价值取向。文化之所以能不断发展和创新,关键在于文化在不断交流之中产生融合和碰撞,形成新的火花,这些新思想都将成为校本文化建设不断发展的源泉和动力。

3. 先进性原则

牢牢把握先进文化的前进方向,遵循教育发展规律,坚持与时俱进,凸显时代性、开放性,努力构建积极向上、内涵丰富、特色鲜明的现代学校文化。学校是个开放学习的地方,这里汇聚了社会上的各类文化思想,内容复杂多样,面对众多文化的影响渗透,校本文化建设应从客观的角度分析和吸收其中优秀的成分,获取最新、最先进的知识,在开放中理性地选择,在选择中保持开放。

4. 主体性原则

人是行为文化的主体，校本文化的形成是学校中的人——校长、教师、学生长期建设、积淀的结果，是学校全体成员共同创造和经营的文明、和谐、美好的生活方式，要充分发挥学校师生在校本文化建设中的主体作用，发挥广大师生参与学校文化建设的主动性、积极性和创造性，让学校文化建设的过程成为全体师生共创、共建和共享的过程，使学校文化建设最终体现和落实在学校精神的凝聚力、课程改革的推动力、制度规范的执行力和校园环境的教育力上。优秀的学校文化应该是师生认同的文化，只有在形式和内容上得到师生的认同，成为师生共同的价值追求，学校文化才会具有强大的生命力，只有尊重师生的主体的地位，凝聚学校全体成员共识，才能带动校本文化的创生。

5. 系统性原则

校本文化建设是一项立体交叉的系统工程，要坚持整体规划、统筹兼顾、分层推进、分步实施，既要关注学校文化内涵的各个方面，也要重视学校教育教学管理的各个环节，更要突出学校文化对促进学生全面发展的重要作用。精神文化、物质文化、制度文化、行为文化共同处于学校文化这一系统之中。精神文化为行为文化提供思想动力，物质文化为行为文化提供物质基础，制度文化为行为文化提供制度保障，而精神文化、物质文化、制度文化最终通过行为文化直接、鲜活地表现出来。

6. 生成性原则

文化总是在与外界的交流、互动中获得新的发展，校本文化是一个不断继承、借鉴、创生、发展的建设过程，也是一个开放、多元、互动的过程。学校教师和学生是校本文化建设的主体，师生的流动性与发展性决定了学校文化建设不可能一蹴而就，而是一个不断发展的生成过程。学校文化的发展过程通常是在继承历史文化的基础上，在"管理—教育—学习"的生态体系中存活下来，形成共同的生命体，才能使校本文化焕发出强大的生命力。

（二）校本文化建设存在的问题

随着教育事业的蓬勃发展和素质教育的全面实施，让学校教育散发现代文化的芬芳，已经越来越成为教育工作者认同和关注的话题。但在具体的建设实践中，仍然存在着不少的问题。

1. 急功近利，心气浮躁

相当一部分学校在推进校本文化建设中急于求成，试图在一夜之间建成校本文化；有的是为了追求所谓的品位高雅时尚，盲目跟风，把文化建设当作装点门面的"形象工程"。缺乏对学校历史渊源和发展趋势的研究，更缺乏校本文化建设的通盘考虑与整体规划。一些学校在行为文化建设上专注于制度建设、管理强化，学校成员行为主要依靠层层加压来维持，形成管制型学校行为，在师生行为中缺少文化导向，在发展过程中缺少情感引导。这样的校本文化是不具个性化的校本文化，是一种不成熟的碎片化的校本文化。

2. 理解片面，简单模仿

一些学校在文化建设中缺少长远目标，更难以做到统筹兼顾、分步实施。个别学校是今天从这儿看到一些做法很好，依葫芦画瓢照抄一番；明天又从那里看到一些做法很好，又照搬过来折腾一番，呈现比较严重的模仿痕迹，一味地借鉴、模仿乃至复制，从而导致学校文化严重同质化，学校自主建构能力明显不足。一谈到校本文化建设，就开始在校园里造假山、建凉亭、贴浮雕、搞绿化，似乎这些显性的物质层面的文化就是校本文化，忽略了诸如办学理念、师生共同价值观等更为重要的、更具个性色彩的、隐性的精神层面文化的建设，让人一进校门就有似曾相识的感觉。学校文化建设的重点是"人"，是基于人、为了人、发展人，因而学校文化建设要适合师生需求，有利于师生发展，符合学校发展现状，体现地域文化特点，具有适切性和独特性。

3. 重视硬件，忽视内涵

校本文化建设内容涵盖了学校的物质文化载体，也涵盖了制度、课程、师生行为以及体现师生精神风貌的校训、校歌、校风、学风、考风、班风、班训等软件文化载体。但一些学校在文化建设中，重物质、轻软件的现象严重，只注重学校文化的外在形式，没有全面认识学校文化的内涵，更缺乏对学校文化构成要素的全面分析。有的学校将建设重心放在打造形形色色的校园活动上，有的学校将文化写进计划、挂在墙上，将文化作为标语口号、张贴在醒目处，有的学校教师在育人理念和方法上有待于进一步提高，作为学校文化水准代表者的教师自满于专业合格，习惯于"应试"模式，重教书轻育人，只注重完成学科教学任务，缺乏全员育人、文化育人的观念和举措。校本文化建设的软环境和硬环境应当内在统一，相互适宜，相得益彰，具有相融性和协调性。校本文化建设的本义，是去寻求教育的真精神，追寻春风化雨，是去改变校园里的每一个"人"，去帮他们描画好人生的底色。

4. 缺乏整体，知行脱节

一些学校单一、片面、局部地认识和建设学校文化，办学理念和办学实践相互脱节，存在知行不一的"两张皮"现象，仅仅将学校文化建设理解成打造学校优势、形象，校园生活还是老样子，师生关系没有实质性改善，学生的学习生活也是"新瓶装旧酒"，这样的文化建设只是表层文章、形象工程，没有真正触动学校文化建设的核心价值。学校文化建设体系包括办学理念体系和办学实践体系，办学理念是学校办学实践的思想升华和价值凝练，而办学实践是办学理念产生的源泉和基石。办学理念体系包括核心价值观、办学目标、育人目标、学校理念识别和学校理念宣传等；学校办学实践体系包括管理文化建设、课程文化建设、课堂教学文化建设、教师文化建设、学生文化建设、公共关系文化建设和校园环境文化建设等，涵盖了学校教育教学管理工作的中心任务和主要方面。学校文化建设是一项系统工程，涉及学校教育教学管理的方方面面，需要顶层设计、全面规划、系统建设。

5. 领导意志，主体缺失

在学校文化建设过程中，学校领导所倡导的学校精神、学校价值观未必就是一所学校真正的学校文化，只有在长期的教育实践活动中，在师生员工中逐渐形成的、大家共同遵循的行为准则、做事方式等才是学校真正的文化。一些学校在对文化进行顶层设计、树立学校文化理念、凝练学校共同价值观的过程中，没有学校教师和学生的广泛参与，提出的办学理念、"三风一训"（校风、教风、学风和校训）等只是停留在领导层，教职工、家长、学生、社区全然不知，只有提出的过程，没有建设的过程，学校文化建设实质决定了学校文化改进、优化、提升的过程，不是一套"方案"或"施工图纸"就可以顺利实现的，也不是学校管理者一厢情愿就能达成的，而是由知到行、日积月累的过程，而不是单纯人为的结果。一些学校委托某些文化公司进行单纯的形象设计和文化包装，就"拿来"让师生被动接受，其实是有名无实、有形无魂的"产品"，导致学校"快餐文化"或"展示文化"的形成。一些学校过多地强调顶层设计，使学校文化与大多数师生产生了距离，成了校长发展学校的名片，乃至成了学校品牌的重要标志，而唯独没有成为全体师生的追求与向往。有的学校"换校长就换文化"，办学理念和实践缺乏传承性、稳定性和创新性，忽视了学校文化建设中师生员工的主体作用。校本治理强调的是共同治理，是民主性、协商性、公开性和透明性，校本治理应充分关注师生的意见表达与民主参与。

校本文化建设的根本宗旨，是让文化成为人的精神家园，在精神家园里培植和提升人的文化品格。我们应坚守这样的文化信念：一个好校长就是一所好学校。好校长之好，就在于他带领教职员工创造了催人奋进的校本文化；好学校之好，就在于学校有属于自己的发展方式和文化记忆。但是，这绝不意味着校长一个人就可以决定学校文化的发展。[42] 校本文化不应只是校长或

---

[42] 成尚荣. 学校文化呼唤"深度建构"[J]. 人民教育，2011 (20): 8-11.

少数人的意愿，应该得到广大师生的认同和支持，校本文化建设应是一个民主的、师生共同参与的过程，应当是文化生成、文化自觉的过程。学校要通过文化创建与生成，不断总结、提炼与凝结文化建设成果，动员师生积极参与学校文化规划和建设过程，并促使其惠及师生、家长、社区，更好地发挥学校文化的示范、辐射和带动作用，提高人才培养质量和文化引领能力。

四、校本文化建设的路径

办学校就是办文化，有什么样的文化，就会有什么样的教育。校本文化建设要根据学校的历史传统、办学定位和培养目标，依托当地的历史底蕴和地方特色，突出个性和校本特色，形成具有个性魅力、内涵丰富的校本文化。外部强加的东西最终不具有文化力量，一言以蔽之，学校文化不能仿造，唯有创造。

（一）构筑校本文化的理念灵魂

理念是行动的先导。育人是校本文化建设的核心理念，有理念才有方向性，才有目标感，鲜明的办学理念能够凝聚师生共识、明确发展方向、塑造校本文化。"学校文化建构本质上就是以价值观导向为核心、在遵循一定的内在秩序与规约的前提下实施的建'场'过程。建场关键在于'四化'，即化语言、化制度、化活动、化场景。"[43] 立德树人，文化引领，学校要有完备的办学理念体系，并且与办学实践一致和协调。

1. 科学规划顶层设计

校本文化建设是一项涉及面广、头绪复杂的系统工程，需要精心策划、细心培育，需要纳入学校总体发展规划，强化系统性、前瞻性思维，进行整

---

[43] 雷芳. 学校文化建构的基本路径与内在机理 [J]. 湖南师范大学教育科学学报, 2017 (1): 109–113.

体设计和科学规划，目标具体明确，措施切实可行，体现学校办学理念，以构建具有本校特色的校本文化体系。

每个学校都有自己独特的历史，历届师生都会在校史上留下不同的印迹，不仅发生过许多重要事件、产生过许多教育成果、积累了许多办学经验，而且形成了比较厚重的文化传统。在学校文化建设过程中，校长要发挥领导核心作用，全面了解学校的历史，认真总结、梳理本校的文化资源，要注重追溯和挖掘学校文化的根脉，寻找学校文化的基因，挖掘学校的优秀文化传统，理清学校发展的历史、关键事件、关键人物和关键理念，包括学校早期特有的理念、精神、体制、机制、制度，独特的地理、地貌，特有的人物及人物故事，特有的建筑、特有的文物以及学校特色等，利用好本土地域文化，从众多资源要素中分析确定校本文化建设的核心要素，凝练和概括学校发展事实和文化实践。

校长要高度重视对学校文化的传承与发展，尊重历史、敬畏文化，担当起学校文化传承的使命，延续学校文化的根脉和基因，要组织师生开展实事求是的深入讨论，使大家畅所欲言、集思广益，通过讨论凝聚共识，明确本校的办学理念和发展目标，明确师生所肩负的使命与责任，找到学校区别于与他校的特异性因素，这是其构建校本文化的精神依托和理论渊源，同时也为校本文化建设奠定坚实的思想理论和民意基础。要适应时代要求和师生发展需求，不断完善学校文化建设体系，不断增强学校文化的凝聚力和影响力，从而形成学校的文化特色和文化品牌。

2. 突出社会主义核心价值观的导向性

社会主义核心价值观是校本文化的灵魂，决定着学校文化的价值取向，具有统领作用。校本文化建设要把共同愿景建立和共同价值观培育作为首要任务，使广大师生对学校价值观形成广泛共识，必须落实国家教育方针和素质教育要求，体现中华优秀传统文化，要侧重弘扬以爱国主义为核心的民族精神和以改革创新为核心的时代精神，突出社会主义核心价值体系的要求。

确保校本文化建设的正确价值导向，既是刚性要求，也是底线标准，更是学校文化建设的前提和保证。校长必须在尊重学校传统文化的同时，高度注重对时代精神的汲取和吸纳，在开放与融合中重建与创新校本文化，从而引导学校步入更高的发展境界。

3. 搭建校本文化的总体框架

围绕校本文化的核心资源要素，在核心价值观的统帅引领下，结合设计实施学校形象识别系统，研究确定具体建设项目。一般包括精神层面的核心价值观、办学目标、办学宗旨、办学理念、校训等的表述文本或呈现形式；制度层面的学校章程、师生行为规范、工作守则、管理规章制度等；还有物质层面的建筑、雕塑、景观、道路、绿化，以及系统的学校形象识别系统，如校徽、校旗、校歌、校服等。学校文化凝练和概括必须尊重和延续学校历史，契合学校传统，不断裂、不隔断、不偏离，符合学校发展事实和文化实践。

（二）夯实校本文化的物质载体

物质文化是构建校本文化体系的基础。校园建筑设施是校本文化的硬件和物质载体，反映一个学校的品位、格调。在校本文化理念指导下开展校园基本建设，不仅要创造整洁、舒适、优越的办学条件，更要彰显建筑设施的人文内涵，体现学校的文化韵味。通过活力无限的物质文化建设，本着"以物育人"的理念，潜藏和传递学校的独有文化与观念，营造具有浓厚文化气息和丰富文化内涵的学校物质文化氛围，陶冶师生情操，激发师生灵感，启迪师生智慧，在为教育提供保障的同时，也对学校师生起到潜移默化的熏陶作用，达到润物细无声的教育效果。

1. 搞好校园总体建设规划

全面研究确定校园总体布局、功能定位、建筑风格，设计象征标志来塑造物质文化，在总体规划和单体设计中都融入校本文化思想，建设高品位的校园文化景观，确保建设质量和品位，使校园建筑、设施成为经得起历史检验的精品、典范。完善楼、馆、路、园等命名，赋予每一个建筑育人功能，建筑风格、景观设计、楼道布置、设施设备安置具有整体性、协调性，贴切表达学校办学理念和育人目标，赋予校园里的建筑设施丰富的文化涵义，实现历史性与时代性的统一，达到实用、审美和教育功能的和谐统一，最终发挥环境的育人作用。

2. 进行人文内涵挖掘提升

校本文化作为精神的东西，需要通过学校物质层面的东西表现出来，学校物质文化建设要继承学校历史文化，同时体现当下的办学理念，将历史与现代元素巧妙地融合在一起，形成学校的文化特色。高品质的校本物质文化不仅具有一定的美学价值，更应具有浓重的育人价值，学校的校舍建筑、校园规划、校园雕塑、交通道路等物质的东西都要体现学校的精神文化。利用校本文化的元素对学校建筑、设施等进行人文内涵的提升，具体措施包括设立人物纪念馆、进行校史陈列、人物塑像、艺术雕塑、文化长廊，以校本文化元素为校园建筑、道路、湖泊、亭榭等命名，在校园建筑内外墙体和景石上张贴、镌刻校训、校风、校标等校本文化元素，彰显校本文化色彩，体现育人功能，从而起到陶冶情操、净化心灵、启迪智慧、激发潜能的作用。

3. 强化功能区文化建设

校本文化建设是一个系统工程，不仅要整体规划、统筹兼顾，而且要科学合理地布局校内功能区域，要针对不同的文化主体，规划设计相对应、相适宜的文化内容与方式，从而形成和谐一致的学校文化场，形成众心合一的文化向心力。苏霍姆林斯基说过："一所好的学校连墙壁也能说话，校长、教师的言行是教育，优美整洁的校园也是教育。"[44]

学校的生态环境应实现净化、绿化、美化和教化的高度统一，合理布局

---

[44] 苏霍姆林斯基. 帕夫雷什中学 [M]. 赵玮, 等译. 北京：教育科学出版社, 1999: 119.

学校的教学、实验、运动、生活区域,鼓励师生积极参与校园人文景观的规划布置,加强校园内各种功能区文化的建设,努力打造体现学校特色的教室文化、办公文化、寝室文化、餐厅文化、操场文化、走廊文化和墙面文化等,让每面墙壁会说话、一草一木能育人。

4. 加强对历史文物的保护

开展校史研究,积极进行校史整理和建设,继承学校优良传统,不断挖掘学校底蕴、拓展学校的历史内涵,并不断丰富和发展,加强对校园历史建筑、古树名木等的保护,避免推倒重来以旧换新的大拆大建,这对于办学历史较长的学校尤其重要。历史建筑、古树名木是学校发展的见证者,是学校文化的传达与诉说,是不可多得的校本文化遗产,要切实采取措施加以珍惜和保护,挂牌立碑对其历史、现状、意义进行阐释说明,彰显其教育感染力。

（三）强化校本文化的制度保障

学校制度文化是贯穿学校内部运行、连接学校与外部关系的法规和相关管理制度,是全体师生员工共同制定、共同维护、共同遵守的一系列权利、义务和责任的综合。制度文化是学校文化建设的保障,是学校组织结构运转的制度支撑,是约束师生行为的准则和规范。因此,学校必须建立一个凸现本校优势,体现校本意识,具有特有文化特色的规范、高效、完整的组织管理系统和制度。好的规章制度不仅是学校有序高效运转、提升办学质量的重要保障,也是校本文化的重要载体和有机组成部分。

1. 建章立制体现文化因素

校本文化建设需要构建科学完善的规章制度,学校章程和各项管理制度要以人为本,符合本校实际,制度分类明确、执行到位,制度修订流程明确、有效。要将校本文化的重要成果纳入学校章程之中,使校本文化在学校章程中占据应有的地位,将校训、校标等校本理念要素明确写入章程加以确认。从文化建设的高度开展建章立制工作,将校本文化的思想吸纳融合到具体的规章制度中，使制度成为符合教育规律和时代要求、契合本校实际和办学目标的管理规范，成为师生学习、工作、生活中必须遵循的基本准则。

构建高效的制度文化，就要制定涵盖学校各个方面的一系列管理制度，如教师教研制度、德育工作制度、班级管理制度、学生一日常规、课外活动制度、公物管理制度、卫生管理制度、学生操行考核评定制度、安全管理制度等，并将学校的各项制度整理成制度汇编，形成《教师手册》《学生手册》《学校管理制度汇编》等，使学校的每一项工作都有章可循，并将其实施情况纳入班级、部门的目标考核管理。

2. 高度重视制度执行落实

制度的生命在于落实，在落实中发挥作用，在落实中不断完善。学校制度体系确立以后，要形成较为完备的执行监督系统，确保制度的落实，要强化制度执行落实意识，发挥制度的导向、激励、约束、保障功能，使制度规定的硬性条文逐步内化为师生的思维方式，外化为行动自觉。把政策导向和价值导向有机结合起来，既关注效率，又注重公平，努力创建平等有序、公平竞争、统筹兼顾、协调发展的良好的制度文化平台，以制度规范行为，以制度协调利益，以制度保障和谐。

3. 加强组织机构和队伍建设

制度文化建设包括制度建设、组织机构建设和队伍建设三个方面，组织机构建设和队伍建设是确保制度建设落到实处，并使其真正起到规范师生言行的关键环节。因此，要科学规划学校组织结构，管理幅度适合，职能部门分工明确、责任落实，积极探索学校组织变革，管理运行机制、沟通机制通畅有效。另外，还要通过不断完善制度文化建设，激励师生奋发向上。

（四）营造精神文化的健康环境

学校文化建设更多是精神层面的东西，需要灵魂的洗礼、精神的涤荡，需要价值观的植入，需要在传承中发展，更需要在创新中升华。让学校文化成为生活在学校中的每一个人共同的价值守望，努力在文化建设的过程中发挥大家共同的智慧，创造校园生活的一个个精彩，同时尝试共同来讲述这样的精彩，让共同的追求既来源于实践，又逐步根植于师生的心中。

1. 构筑学校发展愿景

校长要用先进的办学理念来构筑学校发展愿景、规划发展蓝图，要在认真分析已有发展条件的基础上，根据学校的发展状况，对学校的远景、使命、组织结构进行思考，把构筑学校发展愿景贯穿于学校管理的全过程，理清学校的发展目标与具体策略，办学目标明确，体现学校愿景和使命，符合学校实际，体现学校特色，激发全校师生对学校未来发展的憧憬，激发师生进取精神，增强全体师生的自豪感、责任感和使命感，提升学校的办学品质，使办学体制更具生命力。

2. 形成共同的价值信仰

在全面总结学校历史经验和现实工作、继承学校优秀文化传统的基础上，进一步明确办学方向、办学理念、发展策略等，形成系统、独特、能为全体师生广泛认同的、符合学校发展方向的精神文化体系，打造稳定、科学、为全校师生广泛认同的价值观和价值观体系，并且符合学校历史、发展现状、地域环境和师生需求，体现国家教育方针和素质教育要求，重视中华优秀传统文化，表达清晰、准确，易于传诵，体现学校文化个性。

一所学校容易改造物理环境、建立规章制度、规范行为习惯，但很难达成学校的共同价值观。学校文化建设的最高境界是生成一所学校的教育价值观，并使这种价值观深刻体现在物理环境、规章制度、行为习惯之中，这是一所学校建设校本文化最终要达成的目的。校长要凝练形成师生广泛认同的价值取向，调动集体智慧去实践学校的办学理念和办学目标，在优化教学教育管理上做文章，把学校的发展、教师的专业成长和学生的成才结合起来，通过人本化的学校管理、个性化的学生评价、书香型的学校塑造，来演绎和建构"激扬生命"的学校精神文化。

3. 建立和谐的人际关系

要以人为本、加强沟通，形成和谐、融洽、民主、平等的学校人际关系。校长要尊重教师，让教师参与学校决策，要建立合理的激励机制，拓宽教师专业发展的空间，给教师创造展示才能的机会，倡导教师新的专业生活方式，促使教师不断完善自己，使教师的思想统一到学校的共同价值观上来，通过对年级组、备课组进行捆绑式评价，促进团队力量的形成，创造学校管理文化的新亮点。教师应该践行"以学生为中心"的教育理念，平等对待学生，与学生建立稳定的、积极的、激励性的关系。

4. 构建学校的精神血脉

学校文化管理要侧重于体察师生内心，最大限度地调动每个人的激情，让学校成为师生的精神家园。改进学校存在形式，使学校中的各个要素更加符合教育目的、人才培养目标、教育理念和发展愿景。无论是学校中视觉识别系统的重新设计、调整，还是内隐的价值观、思想、理念、信仰，都要通过价值追求和教育理念进行优化，使新的建设内容在育人与优化师生生活中，更能发挥出直接、积极、显著的教育引导力与凝聚力。

明确学校传统文化优势所在，集聚全校师生员工的智慧，以校训、校风、教风、学风建设为导向，努力构建学校的精神血脉。校训是经过长期实践总结凝练、符合本校特质的基本行为准则和道德规范，校训的表述要清晰、简明、独特，体现学校核心价值观，为师生熟知并认同。校徽、校旗显示学校特征，内涵明确，具有教育性、艺术性，易于识别。校歌反映学校特点和师生精神风貌，歌词内容积极向上，歌曲旋律优美，易为全校师生传唱。通过校徽、校旗、校歌、校报、校刊等载体，发挥校园广播、电视台、校园网等媒介的作用，开展升校旗、唱校歌、佩校徽、穿校服等常规活动，加强对学校主流文化的宣传，实现师生对学校精神文化的认同感。

5. 着力建设"书香校园"

让读书成为习惯、让学习成为乐趣。读书活动是校本文化建设的重要内容，教师读书、学生读书、师生共读、亲子阅读是校园读书活动的主要形式，读专著、赏名著、颂经典、写反思成为教师们必不可少的精神食粮。以活动激发学生的读书热情，从经典诵读到名著欣赏，从故事赛、演讲赛到情景剧、课本剧的表演，从手抄报、书画的展示到读书心得与感悟，让丰富多彩、喜闻乐见的读书活动成为学生一种幸福快乐的体验和享受。

追忆学校故事、挖掘文化底蕴、滋养核心价值。注重对校本文化的解读与宣讲，营造浓厚的校本文化氛围，设计开发标注校本文化元素的办公用品、礼品纪念品，开设校史校情、地域文化等校本文化课程，对校本文化进行深入浅出、鞭辟入里的阐释，使师生充分理解、认同并接受。

（五）完善行为文化的运行机制

行为文化是连接外层物质文化、制度文化和内层精神文化的中间环节，作为校本文化核心的精神文化往往要通过行为文化表现出来。让学校文化生根在实践的土壤中，弥漫在校园中，流淌在每一位师生的心中，将校本文化元素浸润到师生工作、学习、生活的环境中，这是提升校本文化内涵的必然选择。

1. 用先进理念引导行为

行为文化是推进校本文化建设的良好载体。学校行为文化建设必须遵循教育规律、教育方针，与社会主义核心价值观相协调，把以"升学率"为出发点的功利文化，变成以"提高师生生命质量"为出发点的人本文化，为现代学校文化培育提供行动、动力方面的条件。行为文化建设，就是要用理念点亮师生心灵之灯，给教师一个诗意的栖居，拥有幸福愉悦的精神生活，给师生一对进取的翅膀，树立干一番事业的雄心壮志。

行为文化建设的关键在于用理念来改变师生的行走方式，从而有效改变师生生命状态。用理念引导行为，用行为诠释理念，确保理念故事化、理念人格化、理念形象化。以提升师生的生命质量为切入口，以改善师生的生命状态为最终呈现方式，通过理念指导行为、引领行为，通过行为润泽行为、感染行为，使整个学校精神状态、文明举止、行为习惯渗透学校的先进教育理念，让师生成为具有儒雅风范、独立人格的文化人。

2. 全员参与率先垂范

行为文化建设，首先是要转变学校领导和教师的理念，改变他们的行为方式，再通过他们去改变学生的理念和行为方式。校长管理过程中，民主与专制、法治与人治、开放与封闭的不同选择，不仅会形成学校不同的管理行为文化，而且会对教师班级管理、学生集体组织行为产生影响。先进、民主、协商、合作的管理文化可以彰显学校的人性关怀，调动全员学习的积极性，有利于学校的高效运转。

教师是连接学校与学生的纽带，要充分发挥教师在学校文化建设中的主体作用，教师不仅要成为学校文化的践行者，而且应该成为学校文化的完善者，将学校文化建设与学科课程教学紧密结合起来，通过教育教学活动强化学校文化，充分发挥学校文化育人的功能。教师是校本文化建设的主要引导者，不但肩负教书育人的职责，还要引导学生健康的心理发展，所以要进一步加强师德师风建设，树立教师良好的形象，树立严谨务实、勤政廉洁的工作作风。

3. 尊重学生的主体地位

校本行为文化建设，最终表现为师生行为的变化，最终目的在于学生的良性发展。学生是学校行为文化建设最重要的主体，要注重新型师生关系的构建，坚持以学生发展为本，发挥学生的自主性，倡导自我教育主题化、生活化、多样化、经常化，深入开展文明校园创建活动和积极向上的校园文化活动，努力养成良好的文明行为，不断提高校园的文明水平和学生的文明素养，潜移默化提升学生自我管理的能力。

要挖掘一切可用的载体来丰富学校文化，组织学生参加喜闻乐见的社团活动，组织科技节、艺术节、体育节、读书节等，因地制宜开展丰富多彩的学校活动；充分利用好各种节日，结合学校特色设计开展丰富多彩的活动；办校报、校刊、学生报等纸质媒介来传播学校文化，通过编辑反映校本文化的书籍来传承学校文化；通过社会实践、大型活动开阔视野、拓展行为空间；注重班级文化建设，调动学生自主管理的积极性和主动性，创设健康向上、富有特色、适合学生特点的班级文化环境。引导学生在活动中学会分享、合作，在活动中形成正确的价值观、良好的生活方式，使学生懂得谦让，懂得尊重，懂得珍惜，懂得关爱。

4. 树立不同岗位的模范典型

在建设校本行为文化的过程中，一定要充分重视榜样的作用，在学校不同岗位树立起优秀的典型模范，定期请他们作报告、谈心得，使他们的事迹广为人知，成为大家学习的标杆，通过对模范事迹的宣传来激励师生员工、感染师生员工，推动师生员工行为的改善。同时，学校还可以把学校发展历程中所发生的感人事件结集成书，以便于师生员工学习，变无形为有形，使传承的力量真正发挥出巨大的作用，让模范典型切实起到引导、聚合的作用，让师生在正面激励中养成好行为。

5. 外部驱动与内部约束相结合

为使行为理念内化于心，要引导教职工自觉践行"让好行为成为习惯"的理念，让师生在潜移默化中规范行为，使好行为成为师生的自觉行动。行为的养成需要历练，特别是不规范行为的转变，更需要一种强制的力量。奖励什么就可以得到什么，惩罚什么就可以避免什么。因此，学校应强化外部驱动，通过加强教育培训和严格管理考核，以制度的刚性帮助师生养成良好的行为，靠制度来保障行为文化建设，构建起既有激励又有约束的良好机制，发挥制度机制对行为观念、行为实施的正向激励与负向警戒作用，从而激励师生员工践行学校崇尚的行为活动，营造行为文化建设的良好环境。

（六）体现课程文化的核心地位

文化是课程的内在意义，课程是文化的外在表现，是学校育人的载体，是校本文化建设的抓手。学校要以文化传承为根本，以文化创新为准则，体现课程文化在校本文化中的核心地位，不断丰富以活动为主的校本课程，促进校本文化内涵的发展。学校课程文化是学校课程在实现育人理想过程中，经过长期的积淀而形成的，由与学校课程相关的课程价值观、课程规范、课程传统与习俗以及课程物质设施等要素共同构成的文化复合体，是学校课程开发和实施过程中体现的思维方式、课程制度以及所形成的具有独特性的学校课程体系，是各个要素相互作用所表现出来的文化特质。伴随着学校课程改革不断推进和学校文化建设不断深化，学校课程文化建设逐步成为学校文化和课程建设的重要工作，成为学校办学品质的重要标志。

1. 深化学校的课程教学改革

课程文化是提升学校文化自信、课程品质和办学水平的关键。学校文化建设走进了学校的课程与教学，也就走进了师生的学校生活，文化的追求就有了抓手、有了印记。从课程目标的提出，到课程体系的构架，再到课堂教学的实施，都要围绕学校的核心教育理念和育人目标进行，推进课程引领的学校文化创新。

课程教学改革实质上是一种课程文化的重建。新的课程文化要以促进学生人格完善和个性全面、充分与和谐发展为目标，力求把"科学素质与人文修养的辩证统一""科学知识、科学精神和人文精神的相互融合""学会生存、学会关心、学会共同生活、学会创造"等先进的教育理念贯穿到课程改革与发展的全过程中。推进课程改革，实施有效教学，提高课程教学质量，是我国基础教育课程改革与发展的目标，其核心是为了使每个学生获得全面而有个性的发展。基础教育的使命在于引导学生涵养立人之品、掌握学习之法、发掘创新之道、厚植责任情怀。课程要面向学生的生活世界和社会实践，教学活动必须尊重学生已有的知识与经验，让学生参与教学是课程实施的核心，在新高考、新课标、新教材的背景下，紧扣学生发展核心素养的育人目标，着力推进"课程—教材—教学—评价"一体化改革，加强"五育并举"，落实"大中小幼德育课程一体化"、学科德育和学生生涯规划指导等各项工作。深化课程教学改革，为学生创造更大的自主发展空间，克服"唯分数论""唯升学论"等不良导向，使学生在"自主、合作、探究"的氛围中习得知识。

2. 构建多样特色的课程形态

要积极构建校本课程文化，立足课堂质量提高，开好学科课程；全面开展社团活动，落实活动课程；突出学校特色，开发校本课程；创建优美校园环境，挖掘隐性课程。课程作为学校育人的载体，应当充分体现学校的文化内涵，在学校文化中汲取营养。学校特色课程对人的素质和能力发展，尤其对学生核心素养培养具有强大支撑作用，其建设不仅成为学校新的文化形态，而且也使全体师生成为学校文化的承载体和学校精神的诠释者。通过特色鲜明课程文化建设，学生在富有本校特色的课程中受到感染、启迪，促进学生的多元发展，为学生打下人生的底色。

培育和发展学校课程文化，就要实施好国家课程，努力探讨国家课程标准的文化蕴涵，教学中重视教材中的文化内涵，不仅传授知识，而且重视价值观、思想情感的熏陶。要在实施好国家课程的同时，基于学校实际和师生发展需求，积极开发校本课程，并积极探索国家课程的校本化实施，增强课程的综合性、选择性和适应性。遵照"自主选择、多元发展"的课程建设思路，加强个性化课程建设，每个人都可以根据自己的需要选择课程。校本课程开发应植根于学校文化传统，体现以学校为本的理念，体现理解沟通和协商合作的特征，同时校本课程开发也是学校文化创造的重要契机，校本课程要涵盖人文素养、艺术素养、科学创新等多个领域，使学生的选择空间显著增加，开齐开足满足学生多种需要的课程教学，体现课程综合育人功能，多样可选的课程体系能承载丰富的育人内容，促进学生全面和谐发展。

3. 促进教与学方式的转变

教与学关系及其发生方式的变革，是当前学校文化建设中最为重要的课题之一。构建课程教学文化，主要从教学目标、价值取向、方式方法进行变革，改变教师在教学中的行动方式，向有利于教师专业发展和教师教学水平提升方向努力。构建学生学习文化，从转变学习价值观、改变学习方式、提升学生学习能力入手，使学生学会学习，学会批判性创造性学习，这些教与学文化的变革，是深层次的学校文化变革的过程。新课程倡导自主学习、合作学习、探究学习等方式，正是因为方式的背后是理念，理念的深处是文化。课程教学不是学校文化建设的一般载体，而是学校文化建设的主体，是学校文化建设的核心领域。探索适合学生主动、有效学习的教学模式和策略，面向全体，关注差异，因材施教，满足不同学生的学习需求，增强学生运用知识解决实际问题的能力，构建以学生为主体的民主、平等、和谐、共生的课堂文化。

如何使课堂成为生命化的课堂，是校本文化建设不可回避的问题。理想的课堂教学是师生相互交流、沟通、启发、补充的过程，在这个过程中，双方彼此分享阅历、情感、观念和价值取向。在新课程基本理念的指引下，应当建设合作型、对话型、探究型和创新型的课程文化，并不断丰富其内涵、完善其实践模式：更新观念，构建民主平等尊重的师生关系；着眼发展，确立智慧自主参与的素养目标；重构内容，强调自主开放生成的教学过程；培育氛围，形成合作探究对话的学习方式；把握本质，建立多元激励发展的评价体系。

教育，要有它的长度，为人一生的发展负责；要有它的广度，促进人的全面发展；还要有它的深度，应该以人生终极意义为诉求，不断提升生命的境界。校本文化是坚韧的丝线，串起了教师，串起了学生，串起了历史，也串起了未来。校本文化更是一张柔韧的网，学校的每个人、每次活动都是这张网上的点，建设校本文化，就是要帮助他们在理想的坐标里找到各自的位置。[45] 校本文化建设是学校建设中一项永恒的课题，需要持之以恒、久久为功的不懈努力。校长及师生应切实增强校本文化意识，深入挖掘和梳理校本文化资源，采取有效措施加强校本文化建设，形成具有本校特质的学校文化，焕发出校本文化的育人功能，从而促进学校内涵的提升与可持续发展。

[45]　成尚荣. 学校文化呼唤"深度建构" [J]. 人民教育, 2011 (20): 8-11.

第四章　校本课程开发

随着我国基础教育改革的推进，校本治理的理念也越来越丰富，突破口在课程管理制度上。校本课程作为学校课程的一部分，在党和国家教育方针的指导下，不再具有统一性，而是体现了学校的办学特色。

一、校本课程概述

课程问题是教育的核心问题。课程是学校实现育人目标的载体，是落实立德树人任务的关键，是学校提升内涵、品质和质量的重要抓手。课程是学校有计划地开展的所有的教育教学活动的总和，它决定了我们的学生走什么路，去什么地方，用什么交通工具，一路上都有些什么风景，会有些什么样的体验。

（一）什么是校本课程

校本课程（School-based Curriculum）是一个外来语，最先出现于英、美等西方国家，伴随着校本管理的推进而产生，它实质上是以学校为基地、以学校为本位、由学校自己确定的课程，校长、教师、课程专家、学生以及家长和社区人士共同参与学校课程计划的制定、实施和评价活动。

按照现代课程分类理论来考察，校本课程并不是一种课程类型，而是属于课程管理方面的一个范畴，是正在形成之中的同国家、地方、学校三级课程管理体制相适应的基础教育新课程体系的一个组成部分。校本课程是以国家课程方案为基本依据，以学校教育理念为指导，以学校为课程开发和实施的主要场所，充分利用当地和学校的课程资源而开发的课程，它与国家课程、地方课程相对应，突出了课程对学校的适切性，以满足学校内部学生发展的需要，本质上是为了学生的个性化发展，是学校特色发展的核心竞争力。

（二）校本课程的类型

门类丰富、具有学校特色的校本课程建设是培育学生核心素养的重要切入点，在学生核心素养培育中发挥着重要的作用。

校本课程主要分为两大类：一是国家课程和地方课程校本化、个性化实施，即学校和教师通过选择、改编、整合、补充、拓展等方式，对国家课程和地方课程进行再加工、再创造，使之更符合学生、学校的特点与需要。二是学校设计开发新的课程，即学校在对该校学生的需求进行科学的评估，并充分考虑当地社区和学校课程资源的基础上，以学校和教师为主体，开发旨在发展学生个性特长的、多样的、可供学生选择的课程。

二、校本课程开发的基本理念

随着时代的进步与发展，追求高质量、更公平的教育已经成为教育改革的目标指向。为每一位学生提供与之相适应的教育，使每一个学生都能够享受适合的课程，在已有的基础上不断发展，是衡量学校教育质量和办学成效的重要指标。因此，教育实践中学校开始关注课程的多样化和选择性，而校本课程开发成为学校课程改革适应教育发展需要的主要策略。课程建设是学校办学思想、育人目标、教育哲学实现的主要路径，学校要积极开发、系统规划校本课程。

（一）校本课程开发的内涵

校本课程开发（School-based Curriculum Development）是从西方发达国家产生和发展起来的一种课程开发模式和策略。校本课程开发的概念最早由菲品马克（Furumark）等于 1973 年提出，他们认为校本课程开发是以学校为基地进行的课程开发，学校内部的校长、教师、学生和外部的家长、社会人士等都应该参与到课程的筹备、实施、管理当中。

进入 20 世纪 80 年代后，经过英国的斯腾豪斯（Stenhouse）、斯基尔贝克（M. Skilbeck）、埃格尔斯顿（Eggleston）美国的施瓦布（J.J.S.hwab），澳大利亚的马什（Mash）等专家学者的进一步研究，促进了校本课程理论的发展和成熟。斯腾豪斯提出了崭新的课程编制的"过程模式"，挑战了传统的"目标模式"；斯基尔贝克提出了在"情景模式"下的校本课程开发，主张课程开发要以学校的具体情境和教师、学生的个体情况为基础，这一模式集合了目标的形成、计划的制定、方案的实践和评价、结果的反馈等一系列内容；而埃格尔斯顿认为，校本课程开发是一个复杂的过程，强调学校要利用各种资源，采用多种形式和方法最终开发出适合学生需要的课程；施瓦布的"实践模式"则强调教师和学生是课程的主体，他们是相互影响、相互作用的，实施课程应把"实践兴趣"放在首要位置；[46] 马什认为，在校本课程开发中，"共同参与决定"和"民主决策"是其中的关键词，教师和学生应当共同参与构建学习经验。

进入 21 世纪，我国教育部颁布了《基础教育课程改革纲要》，其中重点强调改变过去统一、集中的课程管理方式，实施国家、地方、学校三级课程管理制度，国家制定中小学课程发展总体规划，确定国家课程门类和课时，制定国家课程标准，宏观指导中小学课程实施；在保证实施国家课程的基础

---

[46] 李介. 国外校本课程开发模式带给我们的启示 [J]. 教育理论与实践，2010（9）：18-20.

上，鼓励地方开发适应本地区的地方课程；学校可开发或选用适合本校特点的课程，这有力地推动了校本课程在我国的进一步发展。

校本课程开发就是以学校为基地进行的课程规划、编制、实施和评价的活动。在这里，校本课程开发是一个"整体活动"，而绝非仅仅编写教材。只要是校本课程开发，就一定意味着对"课程"进行某种程度的系统安排和规划，有关需求的调研、教育哲学的确立、教学目标的设计、内容的筛选编写以及教学安排、课程评价等，都不是孤立出现的，而是有整体的设计或结构规划的。只有"整体活动"，各种课程资源才能统一在一定的教育哲学及课程目标下，最大限度地发挥育人功能。

校本课程开发包含着两个层面的含义，一是"校本课程"的开发，即国家规定的课程计划中给学校预留出自主研发的时间、空间，学校具有完全的权力，进行自己多样的有特色的课程开发。这是狭义的概念，把校本课程看成是与国家课程、地方课程相对应的一个课程板块，其开发范围是国家课程和地方课程以外的领域。二是"校本的"课程开发，即学校根据国家课程计划，结合本校的实际情况，对课程进行的适应性改造。国家规定了课程目标和基本的课程内容，教师仅能自主决定课程资源、课程进度、教学方法及评价方式等，他们的角色更偏向于课程开发的参与者，其权限和范围要远大于前者。因此校本的课程开发内涵更广，它不但包涵校本课程的开发，也包含国家课程和地方课程的校本化实施，即学校根据自身性质、特点和条件，将国家层面上的规划和设计转变为适合本校学生学习需求的创造性实践，包括教材的校本化处理、教学方法的综合运用和个性化加工以及差异性的学生评价等多样化的行动策略。

校本课程开发与实施是学校课程管理的组成部分。校本课程的确立是依据学校可持续发展的需求，关注学生的独特性与差异性，需要凸显学校的特色传承与创新。通过特色课程的开发与实施，作为学校特色创建与传承的有效载体，已经成为大多数学校的共识，如何充分利用各类资源，开好校本课程，满足不同层次学生多元发展的需求，是对学校可持续发展的考验。从目前校本课程的开发与实施来看，主要有两类，一类是作为学校特色传承的载体，另一类是满足学生多元发展需求而开设的课程。校本课程的开发与实施填补了国家课程在地方实施层面的不足，也为学校的自主、多元、特色发展提供了契机。学校的校本课程开发与实施，与学校的校本教研密不可分，二者的有机整合，对校长课程领导力、教师课程执行力、课程评价力的提升都将产生积极的助推作用。[47]

校本课程开发是基于学校、为了学校、属于学校的课程开发活动，即以学校为基地、以学校为基础、以学校为主体的课程开发。校本课程开发重视学校及社区资源的开发与利用，强调学校办学特色与理念的凸显，关注教师作为课程开发的主体作用的发挥。校本课程的开发不仅丰富了学校课程，彰显了学校办学特色，还为教师的专业发展提供了可能性，也丰富了学生的选择机会，为学生的个性发展提供了平台。

（二）校本课程开设的意义

课程管理不是一个简单的课程实施的过程，不只是忠实地执行国家课程政策的过程，而是一个校本开发的过程，一个课程创生的过程。

1. 有利于满足学生个性化发展需要

尊重学生的个性差异，提升学生的主体性，培养学生的创新意识与实践能力，已成为新时代基础教育课程改革的主要趋势。校本课程开发的出发点和落脚点就在于满足学生的兴趣爱好和发展需要，最终追求是学生的个性得到充分而自由的、全面的发展。学生个性的形成和发展，离不开课程这一重要的媒介。统一的必修课程体现了国家对学生的统一要求，学生的个性发展不能仅靠统一的课程来完成。校本课程的开发，可以为学生的发展提供个性

---

[47] 殷凤. 基于学校自系统的校本管理路径新探究［J］. 基础教育研究, 2014(12): 13.

化的课程，可以优化学校课程结构，丰富课程资源，提高学校课程的适应性。从另一方面讲，也只有以本校教师为主体的课程开发人员，才清楚每个学生的不同需求，才能根据学生的需求开发出相应的课程。课程开发的动态、生成性也要求不断丰富、完善课程，而这一切只有在学校才能实现。学校教师可以在校本课程开发与实施的任何阶段，随时听取来自学生、家长及其他人士的意见、建议，对课程进行相应的改进，去满足学生全面发展的需要。

2. 有利于促进教师专业发展

校本课程开发赋予了教师一定的自主权，充分调动了教师积极参与课程开发的热情，为教师提供了发挥创造性空间和大显身手的机会，要改变教师传统的课程执行者的角色，倡导教师成为课程的研究者、开发者和实施者。教师参与课程开发，拓宽了教师对于课程的理解，有利于提升教师的课程意识，有助于提高教师的专业水平，对实施国家课程和地方课程也有促进作用。

新课程强调教师要有课程创生能力，实现从"教学工作者"向"课程工作者"的转型，这种课程创生力，不仅体现在国家课程校本化实施这一主要工作中，校本课程的开发能力也是教师课程创生力的重要体现。校本课程开发，能促进教师课程观念的转变，教师需要改善自己的知识结构，学会开发利用课程资源，需要具备课程开发的能力；教师需要增强对课程的整合能力，需要提高信息技术与学科教学有机结合的能力。只有将"教什么"与"怎样教"统筹兼顾，善于捕捉课程资源，并将这些资源整合成适合学生发展的校本课程，才能从根本上发展自己。也就是说，教师的专业发展，一方面要求教师具有对课程资源的识别能力，具有将这些资源变成校本课程的能力；另一方面，也要求教师具有选择恰当的教学方法的能力，具有将教学任务变成学生的智慧的能力。课程意识和教学意识是教师专业化发展的两翼，教师只有努力从这两方面发展自己，才能真正形成自己的专业能力。

教师参与校本课程开发与管理的过程就是教师自我成长的过程。开发校本课程还能增进教师对学校的归属感，提高教师的工作满足感和责任感。可见校本课程的开发过程实质上是一个变革过程，是教师对自己的专业知识和课堂教学过程再回顾、再反思的过程，也是教师的专业知识不断丰富完善的过程。

3. 可以弥补国家地方课程的不足

国家课程是由国家教育行政部门组织专家决策、编制的课程，它体现国家意志和统一的教育标准。国家课程因其自身的特点与局限，没有也不可能充分考虑各地方、各学校的实际，不可能照顾众多学习者的认知背景及其学习特点，更无力在学法指导与策略教学方面采取相应的、有针对性的措施。而校本课程开发则尽可能地反映区域、学校和学生的差异性，及时融进最新的科技成果、社会问题，充分考虑到教师的积极参与、学生的认知背景与需要，为学生提供多样化的课程选择，它在一定范围内可以补充国家课程开发的不足。[48] 这恰恰是校本课程开发的意义所在，也是新时代赋予学校教育的重要使命。

4. 有利于学校发展与特色创建

校本课程开发必然鲜明地带有学校的特色。以往统一的课程设置，难以反映不同学校的实际情况和特殊需要。把部分课程编制权力下放到地方和学校，让一部分优秀校长和教师参与校本课程的开发，为不同学校的发展注入活力，学校之间的差异从某种意义上讲就是校本课程开发的资源。学校在明确了自身定位，确定好自己的办学方向和育人目标后，就会在实施国家及地方课程的前提下，通过对本校学生需求的科学评估，充分利用当地和学校的课程资源，开发出多样性、可选择的课程。这样，学生个性会越来越鲜明，教师专业素质会越来越高，学校的特色也会越来越凸显。

校本课程开发打破了国家课程一统天下的局面，打破了课程设计者与课程实施者无法沟通的局面，打破了学生远离生活世界的局面，它让所有的学

[48] 潘洪建, 刘华, 蔡澄. 课程与教学论基础 [M]. 镇江：江苏大学出版社, 2012.

校都"动起来"，让所有的教师都"动起来"，让所有的学生都"飞起来"，让所有的教育参与者都"沟通起来"。

（三）校本课程开发的理念

为什么要进行校本课程开发，它的实质是什么，这些都涉及校本课程开发的基本理念。

1. 校本课程开发要基于学生的发展需要

校本课程设置的一个重要指导思想，就是增强课程对学校和学生的适应性。从三级课程体系来看，国家课程因其基础性和统一性更具有"普适性"意义，是全体学生必须掌握的课程，但它很难顾及不同学校的特定要求，很难满足所有学生特殊的发展需要，而校本课程的灵活多样性恰恰起到了拾遗补阙的作用，这正是校本课程的优势所在。所以，校本课程一定要基于学生实际发展需要，不拘一格，促进学生的健康成长和全面发展，适时地、有针对性地对学生需求进行评估和研究。

学生的差异性、独特性是校本课程开发的出发点，当代学校教育的基本取向是"个性化教育"，没有"个性化"的课程，个性化教育只能是一句空话。教育改革提倡个性的全面和谐发展，尤其强调尊重具有特殊倾向、志趣、需要和才能的个性，重视个性的原则是教育改革中最主要的、也是贯穿在其他各条中的基本原则。[49] 既要满足国家发展、竞争的要求，又能最大限度地满足学生发展之需求，大力倡导校本课程开发是可行之举。因此，校本课程开发必须基于本校学生差异性、独特性的需要。

2. 校长教师是校本课程开发的主体

校本课程开发真实地体现了"人本"思想，强调以学校、教师和学生为主体，赋予了教师开发校本课程的专业自主权，教师最了解学生实际，他们

[49] 吴刚平. 校本课程开发 [M]. 成都：四川教育出版社，2003: 100.

开发出的课程最贴近现实，紧贴学生发展实际，最能满足不同学生的差异性需求，这些优势是校外专家所无法比拟的。

校长要通过课程领导力，引导教师对国家课程进行本校化实施及开发校本课程，进而使教师的专业不断发展，使学生的学习效果得到进一步改善。校本课程开发尊重教师的创新精神，促使教师从"教学"定位向"教学—研究"角色转换，为教师潜力的开发和创新精神的发展提供了空间，从而促进教师不断发展和完善。教师要真正成为校本课程开发的合格主体，就必须在实践中不断提高自身的专业自主意识和能力。校本课程的开发、建设与实施有助于教师加深对课程的理解，调动其创造性和积极性，促使其更新教育理念，改善教法，发挥个人特长，拉近与学生的距离，从而促进教育教学质量的提高。

必须指出的是，学校及教师作为校本课程开发的主体，绝不意味着校本课程开发仅仅由学校及其教师来承担，也绝不意味着学校要故步自封，关起门来，拒绝"理论的引领作用"。实际上，从国内外校本课程开发的成功实践来看，理论的引领和专家的指导不仅是十分必要而且是不可缺少的，否则就会大大影响校本课程开发的质量。广大教师只有在理论的引领和专家学者的指导下，才有可能迅速地学会研制课程，并最终创造性地开发校本课程。

3. 校本课程开发必须置于国家课程计划中来运行

从校本课程的产生来看，它应当是国家、地方课程的重要补充，与国家及地方课程一起共同构成完整的课程体系。国家课程开发具有基础性、统一性和稳定性特点，但缺点是课程单一、时效性差，而校本课程开发则表现出多样性、灵活性、差异性和直接的实践性等优势，每个学校都可以在国家留给学校的时空里开发出丰富多彩的校本课程，与国家及地方课程一道构成丰富的育人资源。一方面，基础教育课程计划应为校本课程开发预留应有的时间和空间。另一方面，校本课程开发也要与国家课程与地方课程的实施协调和互补，不能脱离国家的课程计划来理解校本课程。开发校本课程时应首先保证不偏离国家的总体方针政策，以培养高素质、有特长的学生为目标，努力促进学生的个性成长。

三、校本课程开发的基本程序

校本课程主要是以学校为基地，进行地方性、特色性的课程开发，它的开发主体是校长教师，可以与专家合作，但不是专家编写教材由教师使用。校本课程开发分为课程选择、课程改编、课程整合、课程补充、课程拓展和课程新编等方式，其中课程新编是参与程度最高的校本课程开发，意味着按照一定的规范或技术创生一门崭新的课程。规范是课程开发的应有之义和内在的应有品质，课程的基本元素包括课程名称、课程定位、课程目标、课程内容、课程实施、课程资源、课时安排、课程管理、课程评价等。校本课程开发是学校课程管理的组成部分，它需要有领导的支持，专家的指导，教师的努力和参与，需要得到全社会的理解、支持和评价。学校课程创新的一个重要标志就是突出顶层设计，从根本上规定学校课程发展的方向、整体结构与实施细则。校本课程开发并不是一种静态的结果，而是一种动态的过程性活动，校本课程开发一般包括以下几个基本环节。

1. 建立组织

成立学校课程委员会和相应的工作小组，为校本课程开发提供必要的组织保证和支持体系，其主要职能是领导、咨询、审定、评价、支持校本课程开发工作。课程委员会的成员应该具有广泛的代表性，主要包括学校领导、学科骨干教师、学生代表，也要吸收课程或学科专家、家长和社区代表等参加，对课程目标、内容、实施与评价各抒己见，在思维的碰撞中达成对该课程的较一致的理解，从而确保课程质量，并且要体现出以学校教师为主体的特点。进行校本课程开发的工作程序要具有民主、开放、科学和合作的精神，必须根据自身的各种资源和办学历史，依据自己学校独特的教育理念来确定本学校课程开发的方向。

2. 分析现状

只有对校内外的各种情境和需要进行科学、充分地了解和分析，才能开发出适合本学校的课程。第一，需求分析，即考虑学生喜欢和需要什么，通过校本课程开发能够满足或促进学生哪些方面的发展。第二，条件分析，即主要考虑学校具有怎样的条件和特色资源，学校能够做什么。第三，目标分析，即主要考虑学校通过开发校本课程发展要达成什么目标，校本课程对于学校整体特色发展具有怎样的影响和作用。在开发校本课程的过程中，需要从以上三个角度综合予以考虑。

3. 拟定目标

校本课程开发的过程就是依据学校所制定的培养目标，建构学校的总体课程，并据以实施、评估、改善的过程，它是在分析与研究需要评估的基础上，通过学校课程审议委员会的审议，确定校本课程的总体目标和总体结构。所以应先明确学校的培养目标，这样才能为校本课程的建设与发展指明方向和提供依据。学校培养目标是学校对所要培养的人才的基本要求，要遵循党和国家的教育方针，考虑到社会发展的要求和学校的实际情况。学校培养目标制定以后还需进一步细化，要尽可能把学生在学习结束时应该获得的能力与态度陈述清楚。所以，学校的培养目标必须进一步细化为各学习领域的目标，并通过教学来实现。

4. 设计方案

在认真做好校情分析的基础上，根据培养目标、学校特色、学生需求和可用资源，系统设计学校课程体系，进行课程编制，主要是制定《校本课程规划方案》，也就是说，首先学校必须把校本课程作为一个完整的部分，置于整个学校课程计划之中来进行规划，这有助于协调与国家、地方课程的关系，有利于集中培训教师的课程知识与能力。课程编制包含确认学校课程编制的基本方针，决定学校课程编制的具体组织，时程、课程的设置与课时分配等。

学校要加强学生选课指导，编制学生选课指导手册，呈现校本课程目录，介绍各门课程的开设年段、授课教师、教学目标、主要内容、评价方法等，便于学生规划整个学习阶段的修习计划。学校应积极创造条件建立网络选课平台，指导学生根据自己的兴趣和爱好自主选择课程。

5. 组织实施

课程实施是将课程方案付诸实践的过程，也就是将书面的课程转化为教室情境中具体的教育实践。课程方案实施前需要跟教师、学生沟通与说明，听取他们对实施的意见，争取他们的支持与合作，这样才能保证实施的效果。根据校本课程的总体目标与课程结构，对教师进行培训，让教师初步掌握课程的一些基本原理，明确课程目标、课程内容、课程实施、课程探究等基本理论，重新构建教师的知识结构，为课程的开发提供知识和智力上的支持。然后让教师申报课程，在规定的时间内递交该门课程的说明与课程纲要，课程的说明主要用于学生选课，课程纲要就是体现该门课程各种元素的大纲。学校课程委员会根据校本课程的总体目标与教师的课程开发能力，对教师申报的课程进行审议，审议通过后，编入《学生选修课目录与课程介绍》。课程纲要一般要包括主讲教师、教学材料、课程类型、授课时间和授课对象等内容，具体内容要以提纲的形式一致性地回答一门课程的目标、内容、实施与评价四个基本问题。

第一，课程目标的陈述。全面、恰当、清晰地阐述课程涉及的目标与学习水平。第二，课程内容或活动安排。要求突出重点，按从易到难的顺序排列，涉及选择什么样的内容以及怎样组织这些内容，或安排什么样的活动，处理好均衡与连续的关系。第三，课程实施。包括方法、组织形式、课时安排、场地、设备、班级规模等。第四，课程评价。主要是对学生学业成绩的评定，涉及评定方式、记分方式、成绩来源等。

具体而言，制定课程目标时要思考：我想把学生带到哪里去？描述学生课程学习后的预期变化。选择课程内容时要思考：我要提供哪些素材或活动帮助学生更快、更好地到达那里？描述想要学生在课程学习中获得的知识和经验。课程实施时要思考：我如何带领学生到达目的地？描述对学生课程学习过程的预设。课程评价时要思考：我怎么知道学生已经到达目的地？描述课程学习中采用哪些评价活动获取学生学习情况的动态信息。校本课程不同于国家课程，并不将系统知识作为基本内容，它以学生为主体，满足学生的发展需要。因此教师在实施校本课程时要采用多样的课程学习途径、多元的课程评价方式，组织动态性的课程资源，促进学生核心素养和能力的培养，才能真正使校本课程焕发出活力。

6. 课程评价

切实发挥评价在促进学生全面发展、教师不断提高和课程革新中的作用。学校应建立校本课程的内部评价机制，以保证校本课程与国家课程和地方课程在目标上的一致性。通过评价可以真实反映课程现状与目标的差距、现存问题以及需修订的方面，使课程不断完善。校本课程开发从目标确立、内容选择到组织实施与评价，是一个不断实践反思、不断修正完善的过程。

【案例】山东省 YX 中学校本课程开发实施方案（节选）

在推进高中新课程方案的实践中，山东省 YX 中学立足农村高中实际，开发适宜"齐鲁文化""梨乡特色"的校本课程，着眼于学生学习方式的改变，促进学生个性的充分发展，而且密切关注学科知识的新进展，适应了高中新课程改革的需要。

一、指导思想

为全面贯彻落实《国家基础教育课程改革纲要（试行）》精神，不断推进素质教育，以现代教育理论和课程理论为指导，努力构建具有学校特色的校本课程体系，促进"学校个性化办学、教师个性化教学、学生个性化培养"。

二、遵循原则

1.坚持"以校为本"的原则。校本课程开发必须坚持从学校的实际出发，继承学校优良的办学传统，弘扬"重基础、重实践、重个性发展"的办学特色，充分利用学校的物质资源、人力资源和乡土资源，认真总结学校课程改革的经验得失，进一步挖掘、整合各种课程资源，构建符合"三级课程"管理要求的校本课程体系，促进学校特色化办学。

2.坚持"以师为本"的原则。校本课程开发必须坚持以教师队伍建设为根本，促进教师的专业成长。激发教师的内在潜能，引导教师挑战自我，追求卓越，在提高课程实施能力的基础上，进一步提高校本课程的开发能力。在校本课程开发实施的实践中，努力造就一支高素质的教师队伍，进一步彰显学校"轻负担，高质量；重基础，扬个性"的教学特色。

3.坚持"以生为本"的原则。校本课程开发必须坚持以学生为主体，尊重学生发展的独特性和差异性，从学生的发展水平出发，通过校本课程的开发实施，进一步优化学校的课程结构，使课程更加贴近时代、贴近生活、贴近学生，满足学生多样化的发展需求，实现学生的个性化培养，为学生的终身发展奠基。

三、总体目标

1.初步形成具有学校特色的校本课程体系。努力做到校本课程的开发科学化、开设制度化、实施规范化，初步形成具有学校特色的校本课程体系，进一步优化学校的课程结构，使校本课程建设成为教育教学质量提高的新的增长点。形成与校本课程的开发实施相适应的组织管理体系，充分挖掘现有的课程资源，开发一批高质量的校本课程，尤其要重点建设好科学探究实验课程和具有"人本、多元、开放、互动"特点的研究性学习课程，使之成为学校的创新课程、品牌课程。初步形成富有成效的校本课程的教学模式与学习方法，以及与之相适应的评价和考核方式。加强校本课程与国家课程、地方课程之间的关系研究，加强课程综合化及信息技术与学科课程整合的研究与实验，为学生提供多元的课程选择，让每名学生体验并吸收多样化课程带来的文化与学术滋养。

2. 为学生的个性发展提供新的平台。通过校本课程的开发和实施，增强课程结构的均衡性、综合性、选择性，增强课程对学生发展的适应性，促进学生学习方式的不断改善，满足学生的兴趣爱好，促进学生的个性发展。（1）引导学生对事物充满好奇心，激发强烈的兴趣和求知欲。（2）引导学生对学习过程具有强烈批判精神，善于发现问题，勇于质难问疑。（3）引导学生发展丰富的想象力、鲜活的直觉判断力、活跃的思维发散力。（4）引导学生发展顽强的学习意志力，增强耐挫力，提高心理调节能力。（5）引导学生学会分享成功与合作，培养尊重他人、崇尚科学、追求真理、克服困难、积极进取的意志品质。（6）引导学生关注人与环境和社会的和谐发展，增强社会责任感和使命感。

3. 为教师的专业成长提供新的载体。通过校本课程开发实施的研究与实践，努力使教师全面把握课程改革的精神实质，形成一支校本课程开发实施的骨干队伍。（1）促进教师转变观念，转换角色，不仅要成为课程高水平的实施者，而且要努力成为课程的建设者、研究者、开发者。（2）促进教师转变教学方式，实现由注重结论的"传承式、灌输式"转变为注重过程的"探究式、互动式"。（3）促进教师提高教学能力，引导教师不断反思和改进教学，研究、创造、发展、丰富教学方法，逐步形成具有个性的教学风格。（4）促进教师提高科研能力。引导教师钻研教育理论，培养探究意识，积累课程资源，挖掘自身潜能，提升科研水平，提高创新能力，促进专业能力的持续发展，促进学校办学质量的不断提高，使学校的办学特色更加鲜明。

四、组织领导与管理（略）

五、校本课程开发

1. 内容模块。（略）

2. 开发程序。（略）

六、校本课程的实施

1. 实施流程。

（1）选课。教务处、年级部在学期开学前一周，公布每个年级开设的校本课程方案及授课教师，供学生选择。学生根据自己的兴趣爱好，填报选课志愿表。为便于统筹安排，每位学生可选报两个专题，分为第一和第二志愿。教务处对学生的志愿表进行统计汇总。

（2）排课。教务处制订各年级校本课程开设计划，并将校本课程的开设排入总课表，开学前下发到每个年级。每个年级的校本课程每周安排一或两课时，一学期按18周安排。在公布课表的同时，要公布授课教师、学习地点。

（3）上课。教师或教师小组根据学校安排，在指定地点组织开展教学活动。校本课程教学组织的要求与国家课程的要求相同。要建立临时班、组，加强考勤和考核。教师要精心备课，认真上课，并根据实际情况，及时完善课程内容，调整教学方式；学生应根据教师的要求，严格遵守学习纪律，积极参与学习活动，认真完成学习任务。

（4）考核。每一专题学习结束后，教师要组织对学生进行考核，并向教务处提交课程实施总结。对学生的考核可采用测试、小论文、实验、设计、竞赛等多种方式进行，考核成绩折算成学分，纳入学生学期成绩考核之中。

2. 注意事项。

（1）对学生的选课要科学引导。（略）

（2）教师要精心组织教学过程。（略）

（3）学生要认真上课。（略）

（4）加强对课程实施过程的调研和监控。（略）

七、校本课程评价

1. 对教师开发的校本课程方案的评价。

教师开发的校本课程方案内容包括：校本课程大纲、教学计划、教材、教案。课程方案评价分为：

（1）课程开发目的意义。与国家、地方课程的联系密切；对学生各方面素质提高有现实意义；课程宗旨较好体现现代价值观念；对学生技能和创新意识培养有切实帮助。

（2）课程目标的确立。目标明确清晰；知识目标、能力目标和情感目标具体；贯彻因材施教的原则。

（3）课程内容。体系完整，层次分明，教材框架清晰；编排科学、启发性强，突出能力；新科技、新观点、新方法含量高。

（4）课程评价。可操作性强、方法科学、具有激励性和制约作用。

2. 对教师校本课程教学的评价。

（1）指导思想。体现教为主导、学为主体、练为主线的教学原则；重视实践能力和创新思维的培养；注重德育渗透和情感熏陶。

（2）目标内容。目标明确具体，符合学生实际；内容开放，容量恰当，层次分明，针对性强。

（3）指导过程。结构合理，多法结合，灵活运用；突出重点，突破难点，善于设疑激趣；富有节奏，善于激起教学高潮；面向全体，反馈及时，矫正迅速；注重学法指导，情知交融，启迪思维；设计训练针对性强，方法灵活、生动。

（4）教师表现。教态自然大方，语言规范，应变力强。合理使用教具、电教媒体；板书科学、新颖、美观。

（5）全体性。学生全体参与，积极性高，训练面广；全体学生都有收获。

（6）全面性。掌握学法，形成良好的学习习惯；训练效果好，思维灵活，掌握知识牢固。

（7）主动性。气氛活跃，主动投入；自主学习，读、思、疑、议、练、创贯穿全过程。

（8）创新性。善于思考，勇于质疑，见解有新意；举一反三，灵活运用各种方法解决新问题。

3. 对学生学习校本课程的评价。

对学生学习校本课程的评价采用学分制，每一专题安排 9 课时，每 9 课时按 0.5 学分计算，学生第一学年须完成 4 个学分，第二学年须完成 2 个学分。

学分主要包括以下几部分：（1）学时学分，出勤率低于 60% 无学分；超过 90%，可计满分；占学业总学分的 20%。（2）课业学分，包括平时上课听讲、学习的态度、作业的完成情况，占学业总学分的 40%。（3）成绩学分，课程结业成绩占总学分的 40%。

八、创新机制，强化管理

1. 以校本教研引领校本课程开发实施。（略）

2. 以校本培训促进校本课程开发实施。（略）

3. 以校本治理保障校本课程开发实施。（略）

四、校本课程开发的基本类型

校本课程要突出"校本"特质，要有对课程建设的校本化表达，校本课程的开发必须基于学校的实际条件，不能脱离学校现实去跟风模仿，要与学校自身特有的文化相结合，与学校的师资特长相匹配，与学校培养层目标一致，发挥教师集体的智慧，表现出与其他学校的不同之处，体现出学校自己的特色。

依据各个学校不同的教育理念与资源条件，校本课程开发表现出多样性和差异性。同时，由于校本课程开发是一个动态过程，它的内容相应地表现出开放性和拓展性。因此，根据课程的发展功能我们将其分为基础性校本课程、拓展性校本课程和研究型校本课程三类，力求实现夯实基础、丰富个性和创新发展。

1. 基础性校本课程

基础性校本课程是指可再生长的基本知识和可再发展的基本技能的课程，

主要是对国家课程、地方课程进行校本化实施，以"鼓励创新"为目标，以"适度调适"为方式，深入推进国家课程、地方课程的校本化、生本化，根据本校的教育理念、教师水平和学生的具体情况，对国家和地方课程进行改编和发展。通过对已有课程重新加工、改编、创造，使之更符合学生的需要和本地经济社会发展的需求，使学生的学习更加深入具体。这样的课程主要包括整合、更新各个科目的知识条目，指引学生各个科目的学习方法，研究科目的疑难知识点等。通过整合相关知识点的必修与选修内容，通过对课程标准中相关学业要求、学业质量水平进行分层剖析，确定不同年级的学习主题。

基础性课程由学科知识课程和学习策略课程构成。学科知识课程开发涉及两个方面：一是对课程内容的更新，采取的方式常是改编、新编或拓编。二是对课程结构的革新，包括学科知识分层建构，学科知识横向整合。例如山东某中学将基础性课程分为三个层次：A 层次：国家课程标准的基本要求；B 层次：参照国家必修与选修的综合要求，适当增加和补充内容；C 层次：对原教材进行改编和拓展，通过知识整合实现对学生多方位的培养目标。同时开设学科学习策略指导，如英语学习策略、化学实验策略等，直接与学科联系，并具有"生成性"特点。基础型校本课程的实施，是落实基于校情的学生核心素养培养的重要途径，要做好学科课程整体设计，要研究基于校情的学科教学标准，要实施学科分层教学。

2. 拓展型校本课程

拓展型校本课程是指丰富拓展学生生活、促进学生全面发展、提高学生综合素质和生活质量的课程，以促进学生的发展为本，开发出具有地方特色和学校风格的创生课程，它包括健身、博知、怡情、励志等类别。这类课程应基于学生的多元智能和兴趣爱好，旨在培养学生的体艺特长，养成良好的锻炼习惯、积极的生活态度和高雅的审美情趣。健身课程主要是教给学生强身健体的方式，同时培养学生体育意识和保健观念；博知课程主要是丰富学生知识，开阔学生视野的课程，它的核心目的是要教给学生广泛获取知识的方法。怡情课程是指愉悦性情，丰富情感体验的课程，该类课程可教给学生有意义的休闲和怡养性情的方式，培养高雅的生活情趣。励志课程是激发学生生活热情，增强学生意志力的课程。例如山东某中学开设了音乐欣赏、美术欣赏、书法欣赏、舞蹈表演、摄影、插花、集邮、拼盘、走进经典文学讲座、歌词的鉴赏艺术、交际英语及原声电影欣赏、成功人士案例分析、社交礼仪、交响音乐入门、广告语言艺术鉴赏、演讲与口才、新闻采访、英语经典演讲赏析等课程。

拓展型校本课程以培育学生的主体意识、完善学生的认知结构、提高学生自我规划和自主选择能力为宗旨，着眼于培养、激发和发展学生的兴趣爱好，开发学生的潜能，促进学生个性的发展，是具有一定开放性的课程。

3. 研究型校本课程

研究型校本课程是指为满足学生的个性化需求、发展学生能力、激发学生创造力的课程。它在基础性课程上提高要求，增加难度，以培养研究性、创造性人才为目的，重视学科的前沿性、学术性和学习的探究性。主要是指与学术类基础性课程内容相关的研究性学习、专题教育等，是基础性课程的延伸、应用和整合，这类课程应基于学科核心素养，旨在拓展学生的知识面，激发学生的学习兴趣。

研究型校本课程的开发和实施不仅要能促进学生个性化与社会化的和谐发展，同时也是促进学校办学特色形成的重要载体，这类课程包括两方面内容：一是加深学科知识的深度，旨在拓宽学生学科知识和能力的课程，如STEAM融合类课程、学科知识竞赛辅导。二是着重培养学生的问题意识、创新意识、科学精神、创造能力的课程，如科技发明、学术小论文、创造技能培养、思维训练等。研究型校本课程以探究性学习和开放式学习为主，学生运用研究性学习方式，发现和提出问题、探究和解决问题，培养学生自主与创新精神、研究与实践能力、合作与发展意识。如山东某中学开设了最佳点与数学建模、线性规划的研究与应用、我们身边的函数、广告英语的欣赏及翻译、超级碰撞实验器、钢球爬坡实验、强迫振动与共振、自动上坡的旋转体、化学实验操作、液体内部压强与深度的关系、模拟彩虹、超声雾化、竞速轨道、从"家书"到"Email"再到"微信"、走进电池世界、看不见的杀手——交通污染及防治、神舟飞天揽明月、3D打印技术、智能机器人开发应用、创客空间、"对联"的做法与赏析等课程。这类课程以增强学生社会责任感、探究精神和实践能力为导向，旨在引导学生体验生活、探究自然、了解社会，着重培养学生动手实践、科学探究、团结协作、服务社会的能力。

五、基于核心素养的校本课程建设

基础教育课程改革以来，校本课程的开发、建设与实施取得了可喜的成果，但在一些方面与当下培养学生核心素养的要求还存在着不小的差距，需要我们基于核心素养理念，对校本课程进行不断地修正、补充、调整和重构，从而使校本课程的建设与学生核心素养的培养相贯通，找到核心素养落地、转化的有效途径。校本课程的追求是为了增加课程对学生的适应性和选择性，本质上是为了学生的个性化发展，满足学生的独特性和差异性需求，把校本课程开发与核心素养的培养相贯通，把课程评价与核心素养指标相关联，使核心素养的理念贯穿于校本课程的开发与实施之中。

2016年9月教育部发布了《中国学生发展核心素养》，提出中国学生发展核心素养应以培养"全面发展的人"为核心，分为文化基础、自主发展、社会参与三个方面（见图1），综合表现为人文底蕴、科学精神、学会学习、健康生活、责任担当、实践创新等六大素养，具体细化为人文积淀、人文情怀、审美情趣，理性思维、批判质疑、勇于探究，乐学善学、勤于反思、信息意识，珍爱生命、健全人格、自我管理，社会责任、国家认同、国际理解等十八个基本要点。[50]

学生发展核心素养，主要指学生应具备的，能够适应终身发展和社会发展需要的必备品格和关键能力。学生发展核心素养是培养社会主义建设者和接班人的具体体现，具有"画像"和"导航"功能。当前基础教育改革已经从"以学科为中心"转向"以学生学习为中心"，从"知识技能获得"转向"核心素养发展"，从"信息工具使用"转向"学习方式变革"，从"单一纸笔测试"转向"成长综合评价"。核心素养总体框架的内涵和价值取向，实际上代表了社会对于学生发展的期待和需求，它划定了全面深化课程改革的基本方向、原则和内容，将引领课程改革和育人模式变革，为校本课程开发带来了新契机，也为校本课程的开发开辟了新的发展方向和实践路径。

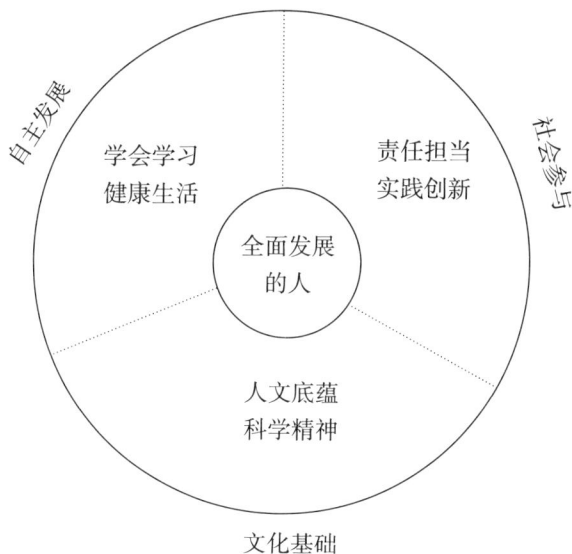

图1　中国学生发展核心素养

1. 依据核心素养优化顶层设计

随着基础教育改革的不断推进，育人目标也不断升级：1952 年从苏联引

[50] 核心素养研究课题组. 中国学生发展核心素养 [J]. 中国教育学刊, 2016(10): 1-3.

进时叫作"双基"，即基础知识和基本技能，是其 1.0 版。2001 年新课程改革提出"三维目标"，即"知识和技能""过程与方法""情感、态度、价值观"，这是革命性的进步，是其 2.0 版。2016 年提出核心素养，强调"育人"，这是其 3.0 版。之后，2018 年颁布的《普通高中课程标准》（2017 版），增加了一些原来没有的新内容：一是学科核心素养，每个学科育人育些什么；二是明确学业质量标准，课标确定之后，考纲就没有了，就是要依据课标来命题，学业质量标准就是命题的依据，是高考、中考命题的依据。2017 版课程方案将课程分为必修、选择性必修和选修三类课程，且清晰划分各类课程的功能。必修课程是国家根据学生全面发展需要设置的，全修全考，它是普通高中学生发展的共同基础，既包括学科知识的共同基础，又包括社会生活的共同基础，还包括学生发展的共同基础。选择性必修课程是国家根据学生个性发展和升学考试需要设置的，参加普通高考的学生，必须在本类课程规定范围内修习相关学科的科目，而其他学生结合兴趣爱好，选择部分科目内容进行修习，选修选考，此类课程注重学生专业学科素养的养成，是课程的进一步深化与拓展，满足了学生修习专、精、深学科知识的学习需求。选修课程是由学校根据实际情况统筹开设，学生自主选择，选而不考或选而备考，其主要目的是进一步拓展学生的兴趣和满足学生的个性化需要。发展学生核心素养是贯穿整个课程实施的主线，包括课程内容的精选、重组，教学设计等都要围绕着学生核心素养的落实。同时，将课程实施规划的权力下放到学校层面，取消了对学校必修、选修课程设置的规定，允许学校因地制宜地推进国家课程、地方课程和学校课程的校本化实施，在强调共同的基础上满足个性需求。

育人目标从"三维目标"升级为"学科核心素养"，学校也面临着新挑战，如学校课程供给如何转型升级、学生学习方式如何丰富多元、学生素养发展水平如何评价、学生学习环境如何满足等。进行基于核心素养的校本课程开发，需要建立以"核心素养"为灵魂的一体化的研究机制，使课程、实施与评价指向同一素养框架，建立起这三个部分之间的有机联系，从整体上推动核心素养的有效落实。[51]

基于核心素养的校本课程建设要体现在学生身上，学校的核心任务就在于对核心素养进行校本化的深入解读，继而整合核心素养到学校的课程体系内，转化为校本化的表达，进一步明确各学段、各学科具体的育人目标和任务，加强各学段、各学科课程的纵向衔接与横向配合。如果以往校本课程开发只在于满足学生的个性需要，那么核心素养视角下的校本课程开发，则需要作为校本课程开发关键主体的校长和教师有进一步的认识，必须对核心素养的要义、校本课程的精髓和如何使二者有机结合进行深度挖掘，基于学生发展核心素养进行顶层设计，使得学校的教育活动和课程开发更加具有指向性、针对性，使核心素养的理念和要求贯穿于校本课程的开发与实施之中。学校应该根据自己实际，围绕核心素养发展目标，结合特色的办学理念，动员广大师生共同协商建构全新的校本课程体系。建构以学校自身特色为主的课程体系，将国家课程、地方课程、校本课程中的内容与体系结构通过整合、选择、规划、重组的方式重新呈现出来。

以个人发展和终身学习为主体的核心素养课程体系，既能够使学生掌握适应社会必要的知识基础，又能够让学生掌握终身发展所必需的技能。因此，核心素养是校本课程建设的灵魂，确定了居于上位的核心素养，才能使校本课程的顶层设计更加优化，为课程的实施、评价打下坚实的基础。校本课程开发必定要关注开发出的校本课程是否能为学生提供所需的素养，学生是否能通过校本课程的学习形成必备的能力。围绕核心素养进行校本课程开发一般程序（如图 2 所示）。[52]

[51] 郑丽. 基于核心素养校本课程开发的问题与对策 [J]. 小学教学研究, 2019(14): 12-13.

[52] 吴笛. 基于核心素养的校本课程开发个案研究 [D]. 宁波：宁波大学, 2018: 10.

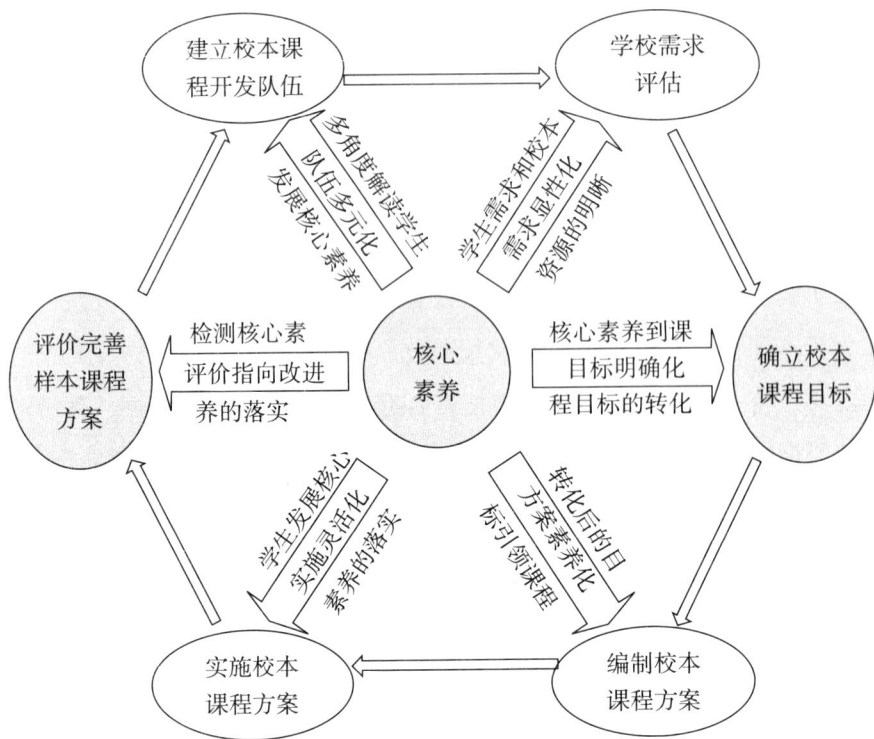

图2 基于核心素养的校本课程开发设计

　　由于核心素养提炼鲜明，突出地表现了学生的培养方向，因此课程目标会更加明确，基于核心素养的课程目标引领课程结构、内容和评价的设置，使方案更加聚焦于学生素养的发展，实现课程方案编制的素养化。核心素养中的三大方面——文化基础、自主发展和社会参与，正是校本课程开发设计的逻辑起点，校本课程需要关注学生个体发展中缺乏什么，针对学生所需要的素质能力去设计开发课程，并将其作为顶层设计促进学校的课程改革，从校本课程的开发、实施、评价三个方面去建设，依据核心素养确定校本课程的目标，课程实施要突出情境性和过程性，使学生在体验的过程中培养全面发展的能力。

2. 突出核心素养，丰富课程体系

遵循国家课程方案的基本价值追求，建设适合学生发展的课程，根据学生发展需要和地方、学校、社区资源条件，科学规范开发校本课程，编制课程纲要，加强课程实施和管理。核心素养指向下，要求学校课程建设要围绕"培养什么样的人"来展开，顺应学生个性成长的需求，开发既能满足学生发展需要又能达成学校育人目标的校本课程，最大限度地尊重和满足学生的课程选择权，为学生成长提供丰富的课程资源。

结合校情、师情、生情和学情，创设"三级"校本课程组织结构，即国家课程的校本化实施、校本选修课以及主题活动课，建设满足学生个性化发展、全面发展和终身发展需求的校本课程。在课程内容上，要体现综合性、结构化、实用性特点。综合性要求校本课程要尽量打破单一的一门学科领域的知识，尽可能实现两门或多门学科知识内容融合，培养学生形成综合分析问题和解决问题的能力，要深刻挖掘课程内涵，拓展课程外延，坚持古今中外、传统与现代、人文与科技结合，涵盖政治、经济、文化、社会、环境多方面知识。结构化要求课程内容的选择要克服知识离散、片面、琐碎的弊端，尽量给学生完整科学结构，提倡以单元为单位编写校本教材，并开展单元主题教学，在单元设计中整合不同教学策略，对知识进行全局性掌握，发展学生核心素养。实用性要求校本课程的内容要尽量避免课程内容多、理论知识深等弊端，选择实用性和操作性强的知识作为课程内容，让学生通过校本课程的学习，真正能够学以致用，创新能力、实践能力、合作意识等核心素养真正得到发展。

学科课程主要是让学生牢固掌握各学科的基础知识、基本技能，是基本的、稳定的学校课程，要高度重视国家课程的校本化实施，通过学科课程的整合渗透，增强学生的基础学力。在学科课程中坚持夯实基础、培养素养，通过选择、改编、补充等方式统整资源，对国家课程进行第二次开发。建立完整有机的课程体系，以国家课程为主干，开发符合发展核心素养的校本课

程，打通必修课程与选修课程之间的通道，使核心素养各项指标分解到具体课程中，使学生通过课程的学习达到发展需求。加强以素养为本的单元设计，改变以知识点为立场的设计范式，以培养学科核心素养为纲，尊重学科逻辑体系，基于课程标准的目标要求，充分考虑关键能力，在规定的课时内选择或设计主题。

校本课程的整合能有效地促进核心素养的培养，要突出学校的办学理念、办学特色，推动学校课程的个性化建设、特色化建设。校本课程的整合有三个维度，第一个维度是以问题和学习主题为导向的横向整合，包括不同类型校本课程之间的整合，和不同学科之间的跨学科的整合，围绕某类核心素养，把学科知识中相近的、有一定关系的单独提炼出来，将相关学科统合起来，从不同角度、层次、向度培育此类核心素养。跨学科的课程是校本课程开发和教学的常用模式，它可以帮助学生在面对不确定的真实问题时，形成综合性思维品质和问题解决能力。这样的课程既可以避免部分知识的重复教与学，又可以让学生在课程学习中运用多种学科思维、学科视角来审视某个相同的知识点，促进素养的提升。第二个维度是学科内部的纵向整合。学科单元内整合和学科单元之间的整合，将散在每一门课程中的知识完整联系起来，基于学科核心素养，用大概念统整课程内容，清晰选修课程建设逻辑起点，彰显学科魅力。第三个维度是以学生为中心进行课程整合，以学生现有的知识水平为课程的教学起点，根据学生的知识起点去融通课程内容，连接学生的学习经验和课程，学生在真实的教学情境进行学习和知识运用，这是课程的一种创造和重塑，是在原有课程的基础上进行优化和升级。

从"核心素养"出发，开发综合实践活动课程，是发展学生综合运用知识解决问题能力的有效载体。综合实践活动课程，是国家主导、地方指导、学校负责开发和实施的课程，这类课程的开发和建设同样要基于学生发展的需要。综合实践活动课程是基于学生的直接经验、密切联系学生自身生活和社会生活、体现对知识的综合运用的课程形态，是一种以学生的经验与生活为核心的实践性课程，强调学生通过实践，增强探究和创新意识，学习科学研究的方法，发展综合运用知识的能力，增进学校与社会的密切联系，培养学生的社会责任感。综合实践活动课程在实施中强调学生体验、知识融合、面向社会生活等特点。这类课程没有现成的教材，也不要求教师编写出相应的校本教材来给学生授课，而是强调学生综合运用各学科知识，认识、分析和解决现实问题，提升综合素质，面向学生完整的生活世界，引导学生从日常学习生活、社会生活或与大自然的接触中提出具有教育意义的活动主题，鼓励学生从自身成长需要出发，选择活动主题，主动参与并亲身经历实践过程，体验并践行价值信念。教师不能用"上课"的方式去"教"学生，而要成为学生综合实践活动的组织者、参与者、促进者。

3. 围绕核心素养推动课程实施

扎实推进课程实施是实现校本课程目标的重中之重。基于核心素养的校本课程实施是一种基于实践的多元主体参与互动的民主过程，蕴含着大量的学校情境之中的现实问题，采用情境性教学、跨学科教学，重视课程情境与师生互动，关注学生的个别差异和个性发展，关注学生个人发展和社会进步需要的必备品格和关键能力，而这个品格和能力不是静态的知识所能给予的，必须要在学习过程中让知识与生活、社会情境建立广泛的联系，关注课程实施中的问题性、情境性、整体性，让学生在真实的体验中提升解决问题的能力。

核心素养是学生在面对复杂的、不确定的现实生活情境时，能够综合运用所学知识技能、思维方式和探究模式，以及各领域所孕育的价值观念，在分析情境、提出问题、解决问题、交流结果过程中表现出来的综合性品质。教育或教学的功能就在于选择或创设合理的情境，通过适当的活动引发学习，促进学生核心素养的发展。[53] 课堂教学设计应特别注重课堂组织形式、情境

---

[53] 杨向东. 指向学科核心素养的考试命题 [J]. 全球教育展望, 2018, 47(10): 39–51.

创设、策略指导、问题引导、反馈调控等教学措施和手段，引导学生体验、探究、发现、思考和解决问题，从而达到提高核心素养的目标。课程改革有一个非常重要的理念，就是用"教材"教而不是教"教材"。教材只是一个例子，课程内容除了教材之外，还有很多呈现的方式，比如各类书籍和资料、各种与学科相关的实验设备和教具、网络资源以及虚拟实验、相关的课程专家、同伴的学习经验等。具体来说，情境教学之所以能促进核心素养的培养，在于良好的课堂互动，校本课程实施的教师可以通过定位、明晰化、详细阐述、参照、评价等方式围绕情境任务与学生进行良好的互动。[54] 以核心素养为育人目标，需要改变学生的学习方式，变革课堂教学方式，需要以现实情境为载体，围绕知识生发过程，真实地还原到生产生活场景中去，引导学生通过任务驱动、问题解决、实验操作、项目实施、身心体验等过程，归纳、提炼、对接原有的知识，与学生的生活世界建立实质性联系，赋予学习活动以意义，提供实践反思和社会互动的基础，尽量组合不同类型的资源，使学生深入理解课程内容。教师要关注学生学习过程，创设结合生活与任务的真实情景，促进学生自主、合作、探究式学习，注重对学生学习过程的评价，推进信息技术在教学中的合理运用。

深度学习项目是促进核心素养落地的重要项目，在教师引领下，学生围绕着具有挑战性的学习主题，全身心积极参与、体验成功、获得发展的有意义的学习，它强调链接和赋能，链接已有经验和新知识、学习和做事、课内和课外、现在和未来，赋能学生浓厚持久的兴趣、内在学习动机、可关联的方法和工具，有独立性、批判性、创造性、合作精神、创新精神，它是打通"知识"到"素养"的通道，是教学方式变革的趋势方向，有利于学生跨界创新能力发展，也是解决教学问题的有效手段。

核心素养视角下的教与学，是个体与情境持续互动中不断解决问题和创

---

[54] 付凯丽，曹进军.核心素养视角下的美国数学课堂情境教学方式研究[J].天津师范大学学报(基础教育版),2018,19(02):79-83.

生意义的过程。跨学科教学的方式多种多样，根据学科知识整合的程度，我们可以把它们分为学科渗透、学科捆绑、学科融合三个层次。学科渗透是在教学中，一学科的教学需要以另一学科的内容作为工具，这是一种最低层次的跨学科教学。学科捆绑是多个学科的内容集合在同一门课程中，此课程既保留了各学科完整的知识体系，让分科教学的优势得以发挥，又避免了学科知识的简单重复，加强了学科间的相互配合。学科融合是各学科知识有机融合在一起，彻底超越学科界限，结合个人、社会和学科的需要，生成探究主题，围绕主题进行探究的过程，其最大的特点是结构化、主题化和综合性，强调学生在活动中逐渐形成价值观和思维判断，学生的问题解决能力、批判思维能力和人际交往能力得到提升，有利于学生核心素养的发展。[55]跨学科教学与校本课程的整合相辅相成，都有助于学生核心素养的培养。

基于核心素养的校本课程开发是指向实践的，"核心素养"不是直接由教师教出来的，而是在问题情境中借助问题解决的实践培育起来的。要落实综合实践活动课程的要求，通过考察探究、社会服务、设计制作、职业体验等方式培养学生的创新精神和实践能力，强化实践育人环节，引导学生动手解决实际问题。教学的设计需要建立学生已有认知和新知识之间的链接，将内容转化为学习经验，这就需要在教学过程中保障学习内容和学习的适切性，创造学习的环境条件，维持学生学习的兴趣，并且将内容整合、转化和融合到教学之中，更关注学生的实践和体验，这样的教学实施才能与学生产生相互的作用。在真实性的教学中，学生挑战的课题，不是参考书和习题集的问题，而是跨学科的、把多样的知识串联起来的学习。

要重视协同式问题解决的教学，以学生的学习为主线，以大任务、大主题实现单元设计，创设真实合理的学习情境，突出项目学习和问题解决方案，设计灵活多样的学习活动，让学习成为质疑和反思、交流和讨论、探究和创

---

[55] 骆新强. 以学科捆绑实现跨学科教学 [J]. 教育视界, 2018 (01) : 16.

造的过程。在这种协同的问题解决中，学生相互切磋是十分重要的，个人与个人连接形成学习共同体，在共同体中相互启发、彼此共鸣，通过对话讨论、锻炼思维，拓展、加深自己的见解，在习得、活用、探究的学习进程中深度学习。在这个过程中，新生出发现、质疑、批判、建设、创造等环节，从而实现对知识的吸收、运用、重组、再创造，建立必要且坚固的情感联结、价值联结、意义联结、伦理联结，从而使得个性进一步得到磨炼。[56]

核心素养要求培养学生具备适应未来社会的能力，未来社会在信息、数据、多媒体、网络等方面将对学生提出严格要求。因此，学校是否具备现代化的教学资源，教师能否熟练运用这些现代化的教学手段，这些条件是实施核心素养的必要保障。要加强资源建设，学科课程开发和常态实验室、学科教室、创新实验室建设、教学实施要整体设计。基于网络和信息技术变革课程实施形态，创造有限课堂无限学习，充分发挥互联网和人工智能的优势，提供多样化的学习工具和学习支架、丰富媒体学习资源，推进智能系统线上线下有机结合的混合学习，支持学生个性化学习、自主合作探究学习。

要以教材的二度开发为载体，以特定课程的教学目标作为重点进行校本化的解读和渗透，体现学校的鲜明特征。不同的教师，因为其教学素养、教学风格等的差异，对课程的实施也会有自己独特的思考。不同环境下成长起来的学生，他们的生活经验、学习经验存在着很大的差异，而课程只有引发学生自身的经验，才能够吸引他们的学习兴趣和注意力。依据校情从教学资源、教学条件出发对课程进行设计，依据教情激励教师的教学个性和风格，针对学生的学习和生活经验选择教学内容和策略，这些都是国家课程校本化实施的具体实践。

4. 依据核心素养改进课程评价机制

有效的课程评价是推进课程实施的重要手段。课程评价是随着课程的实

---

[56] 钟启泉. 基于核心素养的课程发展：挑战与课题 [J]. 全球教育展望, 2016(1): 3-24.

施同步进行的，依据课程标准的具体要求，教师和学生可以即时评价学习的状况，发现哪个方面存在问题，随时随地进行指导和调整，立足于促进学生核心素养的形成和发展，就要突出评价的发展性功能和激励性功能。

对于学生而言，要突出以核心素养为中心的个性化发展的过程性评价。强调评价的真实性和过程性，从多元视角来综合测评学生的学业成绩和综合素质，学生核心素养的发展和能力的提升就是其中最核心的评价标准。教育大数据能够将学生的素养发展放在真实的课程情境中，对学生的学习过程进行全面追踪观察，从而作出发展性的学生评价。第一，校本课程评价方法多样化，通过观察、谈话、档案袋、量表、成果展现等形式掌握学生的学习动态，科学设定评价模式，重视学生的日常表现与反馈，注重学生参与课程的互动性，选择一些具有启发意义的问题和开放式的问题作业，注重学生问题解决能力的发展，关注学生的学习体验，帮助改进学习计划或改善教学质量。通过采用多样化评估方式、创设具有现实意义的真实问题情境，改变过分关注事实性知识再认和回忆的做法，检验学生适应未来生活和专业领域发展的能力，使评价成为一种促进学生学业成就发展的有力手段，实现对高层次思维能力等有现实价值的学习结果的评价。第二，以形成性与过程性评价为主，终结性评价为辅，用以评估课程或教学的优点与价值，形成性评价强调教学过程和结果的整体和统一，满足学生在学习中的发现、探究和探索的愿望，推动学生综合素质的发展。第三，重视学生的自我评价与发展的需要，利用在线课程评估系统，教师后台观测学生反馈，因人而异作出相对应的评价。基于核心素养的课程评价已经不再将被评价者作为被动接受评价的客体，而是将学生当作参与评价的主体，采用多元的评价方式结合，使其积极地参与评价。

在教师评价上，重视课程的发展性评价，激发教师自由创造精神和课程开发的热情，从核心素养、顶层设计、课程内容、课程实施等维度全面评估课程建设，促使课程在动态调整中趋于完善，使学生核心素养的发展获得基本保证。关注课程学习的内在价值，关注学生内在素养的成长和发展，强调学生与教师在课堂中的对话和互动，强调学生的课堂参与，关注学生的学习诊断、激励和发展。

基于核心素养的校本课程评价中，一是开发前需要评估和专家论证；二是实施过程中的过程监控；三是实施后的阶段性总结和效果评估。从发展核心素养的角度来看，评价的一个重要着眼点是要考察课程内容是否符合国家规定的要求，是否符合学生学习的兴趣，是否能够满足学生跨学科、解决学习问题的要求。此外，要设计好后续的改进与反馈问题，做好课程开发后的修正与完善等。基于核心素养的校本课程评价，以学生核心素养为导向，更强调发展性，是动态的、多元化的评价，将根据学生、教师的需求以及社会发展，不断调整校本课程内容，不断完善校本课程体系。

有效的激励机制能最大限度地调动教师的积极性与主动性，促进课程与教师、学生的共同发展。总之，核心素养背景下的校本课程评价，要树立多元化、过程性、发展性评价理念，要建立由学校和教师、学生、家长、社会等共同参与的评价机制，实现评价主体的多元化。不仅要关注学生学习的结果，更要注重学生的学习体验过程，评价不是为了甄别和选拔，而是为了学生的全面发展。评价的内容要紧扣核心素养，重点考查学生的思想品德、学业水平、身心健康、艺术素养、社会实践等方面的发展情况。要采用多样的、开放式的评价方式，在评价中重点关注学生实践能力的提升，要避免过分重视等级、量化和分数。要关注评价对象的多维化，不仅要评价学生学习质态、核心素养发展情况，而且要将教师、课程目标、实施、管理和评价纳入评价体系，实现课程开发与实施的全程、全方位评价。

课程是一个人的生命历程，包含着师生的过往经验、日常生活、生命体验、情感趣味等。目标指向明确、内容多样、课程设置灵活的校本课程，能使学生在掌握国家课程规定的基础知识、基本技能的同时，引导学生在众多课程的选择中得到个性发展，在选择中发现潜在能力，在选择中培养学生的信息采集和加工的能力，使学生在课程的自主选择和个性化知识的掌握过程中形成更多更广泛的能力，更好地认识学习的价值，塑造健全的人格。这些，正是基于核心素养的校本课程开发的意义所在。

第五章　校本教研开展

随着基础教育课程改革的不断深入，校本教研、教师专业发展正在受到越来越多的关注，作为推进"科研兴校"的核心内容之一，是推动学校发展的不竭动力。

一、校本教研概述

校本教研是"校本教学研究"的简称，是促进学校自主发展、学生全面发展、教师专业发展的有效途径。

（一）校本教研的兴起

校本教研最早兴起于国外。20世纪70年代，欧美各国逐渐认识到学校与教师开展教育研究的重要性，斯腾豪斯（Stenhouse）提出教学应当建立在由教师而不是专业研究者所开展的研究的基础上，教学的提高要基于教师对他们的行动结果的研究，他从课程实施的角度首先提出了"教师即研究者"的口号，主张教师把教学和研究结合起来。埃利奥特进一步提出教师即"行动研究者"，教师不再是各种"专家"思想的执行者，而是可以自主地从自己的教学实际中提出问题进行研究从而获得自主发展。教师的教育研究也由此逐渐演变成将学校实践活动与研究活动紧密结合在一起，并大力倡导学校教师人人参与的"校本教研"。

日本教育法规定，研修是教师的义务，主管单位要制定进修计划，为教育公务员提供进修机会，提倡主管单位定计划、教师进行研修的策略。日本的校本教研形式主要是课例研究，是教师对课堂上发生的行为的研究，是一个提出问题、制定计划、执行计划、进行观察、反思与修改计划的循环过程。

20 世纪 70 年代末期，英国著名教育家埃利奥特提出了著名的"以行促思"理念，建立了"课堂行动"研究网络，教师可以在教学实践过程中进行有关教育理论的研究，使理论与实践合而为一，从而进一步推动了"校本教研"的发展。20 世纪 80 年代末 90 年代初，英国开始推行发展性教师评价制度，同时还开拓了"以学校为基地"办教育的新途径。

我国校本教研的兴起源于新课改的提出，随着"教师即研究者"理念在全世界的不断传播，我国越来越多的学者也意识到教师参与教学研究对于学校发展、师生发展的意义。我国"校本教研"最早以教育行政文件的形式被正式确立是在 2002 年教育部颁发的《关于积极推进中小学评价与考试制度改革的通知》中，文件指出"建立以校为本、以教研为基础的教师教学个案分析、研讨制度，引导教师对自己或同事的教学行为进行分析、反思与评价，提高全体教师的专业水平"。2003 年教育部颁发的《普通高中课程方案（实验）》中正式提出"学校应该建立以校为本的教学研究制度，鼓励教师针对教学实践的问题开展教学研究……使课程的实施过程成为教师专业成长的过程"。从此，校本教研在我国得到了广泛的关注。2010 年教育部《关于深化基础教育课程改革 进一步推进素质教育的意见》明确提出，各地要大力推进以校为本的教学研究制度，促进教师的学习、研究和交流。强化教师的教学研究意识，构建一定的途径和机制保障教师教学研究，增强教师的教学研究能力，使教师将日常的教学工作和教学研究、个人专业成长融为一体，形成在研究状态下工作的专业生活方式，是深化当前教育改革的迫切需求。

20 多年来，许多学校在这种新的思想指导下进行改革，取得了很好的效果。

（二）校本教研的含义

关于校本教研的核心定义，教育界并无太多争议，只是强调的侧重点有所不同，我们可以从以下几个方面来认识。

第一，校本教研以学校情境中的教育教学和课程实施中的真问题为研究对象，即"基于学校"。校本教研的课题都是从教师的实际教学实践中选题，研究目的是为了促进学生的全面发展，促进教师的专业发展以及教育教学质量的提高。

第二，校本教研的主体是学校的教师和校长，学校的问题要由学校中人来解决，即"在学校中"。校本教研的团队中，虽然有校外的专家、学者和教育行政人员的指导，但研究的主体是学校的教师校长，而且以解决教育教学中遇到的各种矛盾和问题、促进师生共同发展为研究目的。

第三，校本教研的成果能直接用于学校问题的解决和教育教学实践的改进，即"为了学校"。校本研究的出发点是学校教育实践中存在的问题，落脚点直接体现在学校教育质量的提高，研究成果能直接用于学校问题的解决。

综上所述，校本教研是为了改进学校的教育教学实践，将教研重心下移到学校，依托学校自身的资源优势、办学特色进行的教育教学研究，它以学校为研究基地，以学校教育教学实践中的实际问题为研究对象，以学校管理者和教师为研究主体，以促进学校、学生和教师共同发展为研究目的，是把研究成果直接应用于解决教学实践问题的研究活动。它着重强调理论指导下的实践性研究，既注重解决实际问题，又注重经验的总结、理论的提升、规律的探索，是保证新课程改革向纵深发展的推进策略，是学校培养和发展教师的有效途径，也是促进学校可持续发展的有力保障。应当以学校为基地、以教师为主体、以新课程实施过程中学校所面临的各种具体教学问题为对象、以行动反思为基本形式，开展教学研究工作。

（三）校本教研的基本特征

校本教研是教师职后发展的主要路径，它需要理论指导，但它具有同专业研究者所开展的理论研究不同的特征。

1. 研究的校本性

所谓"校本"就是要解决个性化问题，这意味着校本教研是以改进学校实践、解决学校自身所面临的问题为目标。校本教研发生的场所是教育教学发生的具体环境——学校与课堂，是在学校的日常工作和教师的教育教学过程中进行的，是把教学与研究有机地结合在一起，是教师在一种研究的状态下工作。学校是教育教学研究的基地，应该突出以教师为本、以学生为本和以解决具体问题为本的原则，把研究成果直接应用于解决学校实践中的问题。

2. 参与的主体性

校本研究并不排斥专业研究人员的参与，但更强调校长教师在研究过程中的主体地位，专业研究者只是支持者和参与者，为校长教师的研究工作提供相关的帮助。校长教师在实际教育教学中遇到问题并提出问题，通过自我研究与同伴合作的形式进行探讨，最终解决问题。同时，校本教研的成果需要教师积极地向同伴推广，让校本教研价值最大化。只有教师自身确立主动研究意识、发现问题意识，才能真正成为研究主体，成为校本教研的研究者。

3. 目的的改进性

校本教研的目的是为了解决学校中的问题，不在于验证某种教育理论或创立的某种学说，而在于改进、解决教育教学过程中的实际问题，提高教育教学效率，实现教育教学的价值，满足学生发展的需求，同时促进教师自我的专业发展和学校的整体发展，让教师具备研究能力，形成自我发展、自我提高的内在机制，在长期的教研中超越自我。

4. 过程的合作性

校本教研以一线教师的广泛参与和相互协作来解决实际教学问题，区别于日常的教研活动，是合作交流的过程，是协作互助的共同体。校本教研中教师之间的合作、专家与教师的合作，应该遵循平等互利的原则。教师在校本教研中相互交流、相互借鉴对方的经验，为了共同的目标开展合作，在合作中促成目标的实现，促进彼此的专业成长。

5. 成果的叙事性

校本研究更多的是采用一种"叙事式"的表述，即由研究者"叙述"自己在研究过程中所经历的一系列教育事件：所研究的问题是怎样提出的；这个问题提出后"我是怎样解决的"；设计好解决问题的方案后，"我"在具体的解决问题过程中又遇到了什么障碍。"我"怎么反思的？在反思的基础上，"我"又采取了什么新的策略，或者"我"又遇到了什么新的问题，采用了什么新的改进策略以及取得了什么样的效果？这种叙述方式往往是以案例或行动研究报告的方式呈现，并不一定呈现为学术论文或专著。[57]

（四）校本教研的价值追求

校本教研是促进基础教育改革与发展的重要途径，是促进学校内涵式发展和教师专业能力提升的重要策略。校本的兴起与发展，适应了我国经济快速发展对教育发展的需求，适应了广大中小学教师迫切要求提升学术品位的需求。走向校本，就是每一个教师回归自己，更加关注自己的生存环境和生活方式，进而更大地激发老师的专注和创造热情，使学校更具活力，教育更显生机，从而促进教师专业发展、学生全面发展以及学校可持续发展。

1. 促进教师的专业成长

校本教研必须以教师发展为本，必须通过教研不断提高教师的教育教学水平，实现教师的专业成长。教师立足于自己的教育实践活动，通过同伴合作和专家引领，丰富自己的教育理论，不断形成自主发现问题、自主研究问

[57] 刘嘉. 校本教育研究的内涵、意义、类型与方式 [J]. 现代中小学教育, 2006(03): 22.

题的意识，提高自己的科研水平。教师专业发展的基础和生命是实践，以问题为中心的实践反思和行动研究，是促进教师专业发展的真正动力，是促进教师专业发展的"源头活水"。学校既是学生学习的场所，也是教师发展的场所，只有在教育实践中，与火热的校园生活相联系，与自己的教学相联系，与生动活泼的学生相联系，才能真正促进教师的专业发展。

2. 促进学生的全面发展

校本教研必须以学生发展为本，必须遵循学生的身心发展规律。教育的宗旨与目的是为了学生的全面而有个性的发展，而校本教研的核心价值追求就是让每一位学生得到发展，二者是一致的。如果校本教研不是以学生为中心，那就失去了它存在的意义与价值。教师把教学中遇到的问题通过自我反思、同伴合作或者是专家指导的方式得到解决，从而提高教师的专业水平与教学能力，通过高质量的教学直接促进学生的全面发展。

3. 促进学校可持续发展

学校发展关键是教学质量的提高，没有优质的教学质量则没有学校的可持续发展，而校本教研就是有针对性地围绕学校自身的具体问题，依托学校资源优势，不断地研究问题并解决问题，促进学校的可持续发展。

建立与基础教育课程体系相适应的校本教研制度，是当前教育改革发展的现实要求，是教研工作重心下移的具体体现，也是提升教师专业化水平、提高教育质量的保障。

二、校本教研与教师专业发展

教师是课堂革命的关键变量，教师专业发展是教育改革的重要抓手。校本教研以促进教师的专业成长为目标，强调学校是教学研究的基地，课堂是教学研究的实验室，教师是教学研究的主体，教师在教学实践中的角色不仅是课程教材的实施者和执行者，更是一个不断反思的研究者。

（一）教师专业发展

教师专业发展是指教师作为专业人员，在专业思想、专业知识、专业能力等方面不断发展和完善的过程，是教师个体的专业知识、技能、情感、价值观、发展意识由低到高的过程。[58] 教师专业发展的内涵主要包括：（1）教师是有潜力的、持续发展的个体；（2）教师的专业发展要求把教师视为"专业人员"；（3）教师的专业发展要求教师成为学习者、研究者和合作者；（4）教师的专业发展要求教师具有发展的自主性。教师专业发展就是教师专业成长的过程，是教师个体在自身的教育教学实践中不断发展专业知识与技能的过程，也是教师通过在职进修或教师培训提升自身专业成长的过程。这种专业成长是一个终身学习过程，是一个不断解决问题的过程，是一个教师的职业理想、职业道德、职业情感、社会责任感不断成熟、不断提升、不断创新的过程。

（二）促进教师专业发展的平台

校本教研是一条让教师找到职业乐趣的最佳途径，是提升教师职业价值的应然之选，也是教师幸福之源。

校本教研和教师专业发展两者相辅相成、相互渗透，校本教研为教师专业发展搭建平台，教师通过参与校本教研，不断提升自身的专业知识、专业技能以及专业素质，从而促进自身的专业发展。

校本教研以教师在教育教学中遇到的问题为研究对象，切合教师的工作需要，能够激发教师的积极性。当一名教师的教育观经过自己思考并富有理想色彩时，就逐步形成了自己的教育理念。

校本教研是基于学校现有的情况而进行的研究，可以对学校的发展产生直接效果。校本教研是根据教师群体需求，以解决教师教学过程实践中遇到

[58] 宋广文, 魏淑华. 论教师专业发展 [J]. 教育研究, 2005 (7)：71-74.

的实际教育问题而开展的研究活动，能更好地调动教师参加教研的活动的积极性。教师将自身日常的教学实践与教学研究相结合，用研究的眼光看待实际教学实践中的每个环节，促进教师由"知识传授者"向"教育研究者"转变。从专业的角度来看，教师的成长离不开教育教学实践，教师的发展只能在学校、在具体的教学实践中，在对自己实践的不断反思中完成。学校既是教师生活的场所，又是教师专业成长的地方，校本教研是教师内化教育理论促进专业发展的实践基础，是教育理论转化为可以操作的教学策略和方法的桥梁，是教育理论人文精神在教育实践得以充分彰显的媒体，是催生新的教育理论和教育家的摇篮。[59] 校本教研有助于素质教育理念、新课改理念转化为教师的教育教学行为，缩小教育理论与教育实践之间的鸿沟，能够激发教师专业发展的动力，为教师成为研究者搭建平台，让教师在实践中寻找真问题、研究真问题、解决真问题，从而促进了教师的专业发展。

（三）提高校本教研水平的保障

校本教研与教师专业成长在教学实践中共同发展、共同提高。一方面，校本教研促进了教师专业发展，提高了教师的专业水平和教育教学水平，教师在校本教研中不断成长；另一方面，教师的专业知识和教育理论素养得到提高，有利于教师在教学实践中发现具体问题，自觉进行教学反思，同时使课程研发能力得到提高，使无序的、散乱的教学经验上升到自觉的教育教学行为，为更好地实施校本教研打下坚实的基础。

教师专业发展对校本教研具有反哺作用，教师专业发展水平越高，对应着其自身的专业知识与技能越高、科研意识与能力也越强，越有助于校本教研的有效开展，越能为提高校本教研水平提供保障。

---

[59] 郑其恭, 宋家才. 校本研究：价值与模型 [J]. 教育导刊, 2004, (8): 4-7.

三、校本教研的基本要素

教师个人的自我反思、教师集体的同伴互助、教育专家的专业引领是有效开展校本教研和促进教师专业发展的三种力量，三者相辅相成，为教研主体构建了一个横向交流和纵向引领的内在互动机制（如图1所示）。

自我反思是校本教研的基础和前提，同伴互助是校本教研的标志和灵魂，专家的专业引领是校本教研的根本保障。三者既相互独立，又相互联系、相互渗透、相互补充，只有充分发挥其各自的作用，并注意相互间的整合，才能提高教研实效，才能真正促进校本教研制度的建立。

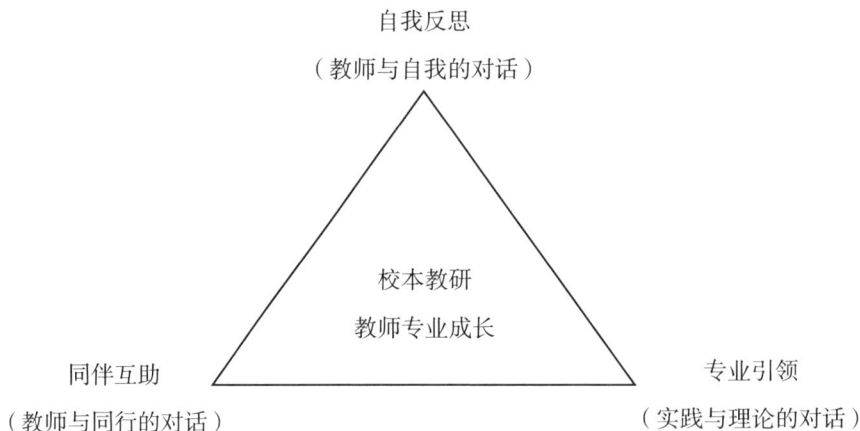

自我反思

（教师与自我的对话）

校本教研

教师专业成长

同伴互助   专业引领

（教师与同行的对话）   （实践与理论的对话）

图1　校本教研三个核心要素之间的关系

（一）教师个人的自我反思

教师专业发展是一个主动觉醒与不断精进的过程。自我反思是教师个人以日常教学实践为对象，对自己的教学行为以及由此产生的结果进行审视、分析和研究的过程，是校本教研活动的起点。教师只有在回顾基础上提出问题，才能在实践中去解决问题。自我反思是教师专业发展的核心要素，是教

144

师专业自觉的重要标志，是提升教师专业水平的法宝，是教师专业发展和自我成长的核心因素。

1. 自我反思的实质

自我反思的过程是把个人的教育理念与教育实践进行沟通的过程，反思的本质是一种理论与实践之间的对话，是两者之间的相互沟通的桥梁，又是理想自我与现实自我心灵上的沟通，其实质是教师与自我对话。显然，反思不是一般意义上的"回顾"，而是反省、思考、探索和解决教育教学过程中存在的问题，它具有研究性质，是校本研究最基本的力量和最普遍的形式。自我反思被认为是"教师专业发展和自我成长的核心因素"，它隐含着三个基本信念：教师是专业人员；教师是发展中的个体；教师是学习者与研究者。教师是校本教研的主体，教师要促进自身的专业化发展，就必须进行自主的反思。

2. 自我反思的阶段

校本教研只有转化为教师个人的自我意识和自觉自愿的行为，才能得到真正的落实和实施。实施校本教研，就是要求教师反思自己的教学究竟存在哪些问题，哪些是关键性的问题，为什么是关键问题。新课程非常强调教师的自我反思，按教学的进程，教学反思分为教学前、教学中、教学后三个阶段。课前想一想自己的教学设计要体现什么教育理念？使用什么教学方法来激发学生的学习兴趣？教学前进行反思具有前瞻性，能使教学成为一种自觉的实践，并有效地提高教师的教学预测和分析能力。教学中进行反思，具有监控性，能使教学高质高效地进行，并有助于提高教师的教学调控和应变能力。课后认真反思一下，自己有什么收获？存在哪些不足？今后怎样改进？教学后的反思具有批判性，能使教学经验理论化，并有助于提高教师的教学总结能力和评价能力，促使教师不断追求教育实践的合理性。

3. 自我反思的内容

反思的内容可以是行为观念及其角色层面的，也可以是个性、风格、机智及其智慧层面的，更可以是设计、实施及其结果层面的。反思内容包括教学理念反思、教学案例反思和教学过程反思。反思必须从学生的"学"来评价教师的"教"，以学生在课堂教学中呈现的状态为参照来评价课堂教学质量。教学过程的反思应从学生的情绪、参与、思维、交往等状态来判断。个人反思的方法很多，可以写反思日记、课后再备、成长自传，也可以观摩交流、学生反馈、专家会诊、微格教学等交流的形式以及学习与研究[60]。教师上完课后，征求、了解学生的意见，详尽记录下教学的效果、上课的具体感受、存在的问题以及通过反思后得出的解决办法和设想等，对自认为比较成功或不足的地方进行总结，明确教学改进的方面和措施，长期坚持课后小结，有利于增强教师的反思意识，提高教师的反思能力。也可以利用现代信息技术，建立基于教育大数据的课堂教学行为分析系统，智能录播系统带来的教学行为大数据分析，可以帮助教师清晰的审视自身教学行为习惯的合理性、教学风格的偏好，并且可以从中发现自身教学特征，有益于教师自我提高教学能力。同时，教师可以随时智能录播系统录制的课堂教学视频，并且依照行为标签信息，快速定位至课堂重要节点，发现自身教学行为的优缺点。[61]

教师在反思过程中对教学会有更多的理性认识，要具有这种反思能力，必须掌握丰富的教育理论，这就必然促进教师自觉主动地学习，不断领悟教育的真谛，扩展理论视野，形成正确的教学态度和坚定的教育信念，从而使自己的理论素养得到不断的提升。

4. 自我反思的意义

反思是进行校本教研的基础和前提，教师在自我反思中获得成长。美国著名学者波斯纳曾总结出教师成长的公式：教师成长 = 经验 + 反思，揭示了教师专业发展的本质。校本教研着重解决教师教育教学中所面临的实际问题，教师的经验来自教学实践，通过教学实践，发现一些新情况、新问题，产生

[60] 余文森. 校本研究九大要点 [M]. 福州：福建教育出版社，2007: 3–16.

[61] 李森浩，曾维义. 基于数据的校本教研助力教师专业发展研究 [J]. 中国电化教育，2019 (4)：123–128.

一些疑惑，这些问题和疑惑是过去没有遇到的，通过与其他教师共同交流和探讨，教师的教学经验就会不断地得到丰富和完善，教师的专业水平也会在潜移默化中得到提升。但是教师的教学经验大多处于一种散乱的无序的状态，校本教研的目的之一就是使教师从理论高度认识自己的教学经验，使之形成一种理性的、自觉的教学行为，这种转变是通过教师对自身教育教学实践的反思来完成的。

教师在整个教育教学活动中充分地体现双重角色：既是引导者又是评论者，既是教育者又是受教育者。教师要成为研究者，成为反思性的实践者，教师不仅要成为教学的主体，而且要成为教学研究的主体，把自己作为研究的对象，研究自己的教学观念和实践，反思自己的教学实践，反思自己的教学观念、教学行为以及教学效果。通过反思，教师不断更新教学观念，改善教学行为，提升教学水平；同时形成自己对教学现象、教学问题的独立思考和创造性见解，使自己真正成为教学和教学研究的主人，提高教学工作的自主性和目的性。实践证明，教学与研究相结合，教学与反思相结合，还可以帮助教师在劳动中获得理性的升华和情感上的愉悦，提升自己的精神境界和思维品位，从而可以改变教师自己的生活方式，使教师能够体会到自己的存在价值与意义。

自我反思有助于改造和提升教师的教学经验，没有经过反思的经验是狭隘的经验，它只能形成肤浅的认识，并容易导致教师产生封闭的心态，从而阻碍教师的专业成长。只有经过反思，使原始的经验不断地处于被审视、被修正、被强化，这样经验才会得到提炼、得到升华，从而成为一种开放性的系统和理性的力量，唯其如此，经验才能成为促进教师专业成长的有力杠杆。新课程对教师的传统教学经验提出了全新的挑战，经验反思的重要性也因此被提到了前所未有的高度。但是，只有教师自己才能改变自己，只有教师意识到自己的教学经验及其局限性并经过反思使之得到调整和重组，才能形成符合新课程理念要求的先进的教学观念和个人化教育哲学。

校本教研无论采用什么样的形式，开展什么样的活动，都必须建立在教师个人反思的基础上的，教师间的合作也是基于教师个人反思中的问题合作，因而教师个人反思的质量决定了校本教研的品质。让反思成为一种习惯，成为自觉的专业生活方式的一部分，教师自主的专业发展意识便会增强。教师基于教学实践，边教学边研究，"不断地追问、挑剔、内省、探究和批判自己已经形成的教育理念、教育行为、教育经验和教育成果，需要在貌似合理和正常的地方找出反常和问题，进而提升自身教育教学效能和素养"。[62]叶澜老师曾说：一个教师写一辈子教案不一定成为名师，如果一个教师写三年教学反思就有可能成为名师。2019 年获得"人民教育家"荣誉称号的于漪曾说："我的教育生涯有两根支柱，一根支柱是学而不厌，一根支柱是勇于实践，两根支柱的焦点是反思。"[63]

（二）教师集体的同伴互助

教师集体的同伴互助是校本教研的基本形式，它建立在教师之间合作的基础之上，在个人自我反思的基础上，将自己的心得和疑惑与同行进行专业交往，在教学活动中共同分享经验、互相学习、取长补短、共同成长。同伴互助的实质就是教师作为专业人员之间的对话，强调建立一种和谐的学校文化，以生动活泼的教师间的互助合作，获得共同的专业发展。"对话、协作、观摩、帮助"是校内"同伴互助"的基本形式。[64]

1. 同伴对话

对话包括信息交流、经验共享、专题讨论和深度会谈四种方式，可以通过读书汇报会、经验交流会以及定期会谈等途径开展。信息交流和经验共享是浅层次的对话，专业会谈和专题讨论是深层次的对话。

[62] 孙向阳. 教师即研究者："教师研究"的定位与内在逻辑 [J]. 江苏教育，2018(06):33.

[63] 于漪. 教育的姿态 [M]. 太原：山西教育出版社.2014:295.

[64] 于潜. 教师在校本教研中成长 [M]. 北京：中国书籍出版社，2013:56.

信息交流。教师通过彼此间信息的交换，可以最大范围地促进教育信息的流动，从而扩大和丰富教师的信息量和各种认识。

经验共享。经验只有被激活、被分享，才会不断升值。教师要把自己成功的事例和体会、失败的教训和感想与同事分享、交流。

深度会谈。深度会谈可以是有主题的，也可以是无主题的。关键在于教师间要有真诚的人际关系，彼此信任，互相视为伙伴，只有这样才能无拘无束地发表意见，产生思维互动。深度会谈是一个自由开放的发散过程，它会诱使教师把深藏于心的甚至连自己都意识不到的看法、思想、智慧展示出来、表达出来，这个过程同时也是最具有生成性和建设性的。

专题讨论。专题讨论是大家在一起围绕某个问题畅所欲言，提出各自的意见和看法。大家互相丰富着彼此的思想，不断地提高自己和同事对问题的认识，在有效的讨论中每个教师都能获得单独学习所得不到的东西。

2. 团队协作

团队协作指教师共同承担教研课题或教改任务，发扬团队精神，群策群力，充分发挥每个教师的兴趣爱好和个性特长，使教师在互补共生、互动合作中成长。

教师结对成伴，形成互助小组，共同阅读、相互讨论、课例研究，相互学习、分享知识、改进教学策略，促进专业发展。学校成功的内在机制，在于建立一个高水平的教学研究集体，建立积极的伙伴关系，形成通力合作的良好氛围，让教师在一定的时间内围绕一个研究专题自由发言，共同切磋，进行思维碰撞，迸发智慧火花。

3. 互帮互学

教学经验丰富的骨干教师和学科带头人，帮助和指导新任教师，发挥传、帮、带的作用，使其尽快适应角色和环境的要求，防止并克服教师各自为战和孤立无助的现象。骨干教师、学科带头人是教师中德才兼备的优秀人才，是教师队伍的核心和中坚力量，要在同伴互助中发挥积极作用。当然，这种帮助也不是一种单向的给予，青年教师在信息技术与学科教学整合方面的优势，对老教师也是一种帮助。

校本教研不仅是凭教师个人兴趣爱好开展的研究，也是在学校层面上展开的学校行为，一方面校本研究致力于解决学校层面所面临的问题，即教师所遇到的共性问题；另一方面也不是单靠个人力量就可以完全做得到的，它需要借助团体的力量，所以校本教研常常体现为一种集体协作——教师作为研究者相互之间的合作。只有教师集体参与研究，才能形成一种研究氛围，一种研究文化，才能成为教师共同的一种生活方式，这样的研究才能真正提升学校的教育能力，教师集体的同伴互助和合作文化，是校本教研的标志和灵魂。校本教研强调科学的精神和求实态度，学校要培植学术对话和学术批评的文化，营造一个教师内部自由争论的气氛，追求合作、探究、反思的教师群体文化。

（三）教育专家的专业引领

专业引领是较高层次的专家、学者对校本教研的引领和提升。校本教研是在"本校"展开的，是围绕"本校"的事实和问题进行的，但对学校问题进行研究、提升，仅仅依靠本校的力量是不够的。专业研究人员的参与是校本教研不可或缺的因素，离开专业研究人员的参与，校本教研就常常会迈不开实质性的步伐。

1. 专业引领的实质

专业引领的实质是理论对实践的指导，是理论与实践之间的对话，是理论与实践的沟通，是理论与实践关系的重建，它是校本教研走出本校局限，走出就事论事、低层次循环的关键。在理论和实践之间往往有一段不容易逾越的"真空地带"，需要专业人员引领一线教师把理论与实践相结合。专业人员相对于一线的教师，具有系统的教育理论素养、开阔的视野、前瞻的理念，熟悉国内外课程和教学改革的发展趋势，能够使校本教研在有一定的理论高度上进行[65]。从中小学教师的角度讲，加强理论学习，并自觉接受理论的指导，努力提高教学理论素养，增强理论思维能力，这是从教书匠通往教育家的必经之路。必须借助理论研究者扎实的理论功底和一线教师的丰富经验，形成促进校本教研实践共生的伙伴关系。

2. 专业引领的形式

专业引领的形式主要有专题教育理论报告、课程辅导讲座、教学现场指导、案例分析座谈及教学专业咨询等，每一种形式都有其特定的功用，有助于达到某种目的，但就其促进教师专业化成长而言，教学现场指导是最有效也是最受欢迎的形式。

校本教研是一种在实际的教育教学环境中进行的行动研究，专业引领人员可以通过指导反思、课题研究、现场诊断和跟进指导等形式，与教师相互切磋，共同分享经验，引导教师有针对性地运用各种教育教学方法与策略，及时捕捉问题，总结、提炼规律，积极指导教师对自己的教学实践、教学经验和方法的得失进行思考与评价，改善教学行为，提升教育教学水平。实践证明，专业研究人员与教师共同备课、听课、评课等，对教师帮助最大，教师需要有课例的专业引领。

3. 专业引领的策略

专业引领是专业研究人员基于自身和教师双重的视角和经验背景，立足于教师对自身教育实践的反思与改进，通过理论与实践间不断地交流与反馈，实现先进理念、思想方法和先进经验等专业信息有效传播的过程。

（1）思想观念的引领：思想观念是教师教研行动的指南和航标灯。校本教研中，思想观念的引领实质上是专业引领人员将先进的思想观念转化为教师的思想观念。

（2）理论知识的引领：以往的专家讲座，往往学术术语化、理论体系化，

---

[65] 邹尚智 . 校本教研指导 [M]. 北京，首都师范大学出版社，2010:33.

而校本教研中理论知识的传播应立足于教师的教育实践，促进教育理论知识与教师实践经验的融通。

（3）实践方法的引领：实践方法的引领是一种特殊的专业引领。在校本教研中，实践方法的引领着重解决操作层面的细节问题，具有很强的针对性、时效性和可操作性，深受一线教师的欢迎。

当前，要坚决纠正教学实践存在着的排斥教学理论指导的倾向。一是经验主义教学实践，片面强调教学经验对教学实践的作用和意义，以教学经验取代教学理论；二是操作主义教学实践，对教学理论应用做片面狭隘的操作主义理解，把理论完全操作化、技术化、形式化；三是功利主义教学实践，以功利主义的对待教学理论应用，急功近利地追求教学的短视效应。拒绝理论，就是拒绝进步，实践就只能在低层次上重复。实际上理论的价值不单在"操作"，理论更重要的价值在于给人以精神和气质的熏陶，智慧和思维的启迪，思想和理念的提升。从专业研究人员角度讲，要树立"实践第一"的理念，要有深切的实践关怀，自觉地深入到课改第一线中去，从教师的创造性劳动中，归纳、概括、提炼、升华、构建出具有时代精神的生动活泼的教学理论，从而既发展和完善教学理论，增强对教学理论的信念，又为教学理论应用于实践奠定良好的基础，充分发挥教学理论的指导功能。[66]

如果说校本教研是教师、学校发展的必由之路，那么专业引领就是一面旗帜、一盏航灯。一次次平等的对话，一次次心灵的交流，一次次思想的碰撞，一次次理念与生命的对话，必将促进教师的专业成长，从而带动学校的整体发展。

四、校本教研的改进策略

教学的改进与提高离不开教研，教学的生机与活力存在于教学研究中。

[66] 刘捷，高中新课程与校本教学研究 [M]. 天津：天津教育出版社，2005:161-163.

校本教研倡导教师以研究者的眼光反思、分析和解决自己在教育教学实践中遇到的问题，用研究的态度来审视学生、审视课程、研究课堂，使教师找到工作本身的乐趣，从而进一步增强教师对学校的归属感，获得工作的成就感和满足感。

（一）优化校本教研的组织结构

校本教研要想真正有效开展起来，必须建立完善的校本教研机制，必须成立专门的校本教研机构，对如何开展校本教研进行周密的安排，以保证校本教研活动的有序开展。

当前制约校本教研组织有效性的一大问题是科层制的行政管理方式，管理层次多，管理幅度小，使学校行政管理重于以教研为重点的学科建设，直接导致校长以行政方式管理校本教研。教研活动需要团队协同，学校要构建校本教研三级管理机构，即"校长室——教科室——教学研究组"，其中"教学研究组"可以是学科教研组、年级组、备课组、课题组或学校处室的项目工作小组。要搭建扶植平台，成立"青年教师工作组、骨干教师研究组、资深教师指导组"等教科研组织，青年教师虚心请教、骨干教师甘为绿叶、资深教师甘当人梯，让更多的一线教师在探讨交流、共同进步的过程中形成浓厚的教育科研氛围。

为适应校本教研，应实现学校功能结构的重组，把学校建设成学习型组织、研究型组织和发展型组织。通过培养弥漫于整个组织的学习气氛，充分发挥员工的创造性思维能力，建立一种有机的、扁平的、能持续发展的学习型组织。这种组织具有持续学习的能力，具有高于个人绩效总和的综合绩效的效应，每个人都要参与发现和解决问题，共同分享经验实现共同成长，并转化为教师的生活状态。通过培养教师的自主研究能力，形成良好的学习研究气氛，进而激发教师的创造性思维能力，把学习和研究作为生存和工作的方式，在教学中研究，在研究中生活，教学、研究、生活融为一体，把学校建成为实现共同愿景而创造性工作的研究型组织。学校必须具有鼓励探索、支持创新的组织机制和文化，不断增强教师队伍的学习力、研究力、创造力，营造"人人阅读、人人学习、人人研究"的良好氛围，不断提升学校的办学品位和教学质量。发展型组织更加强调组织和个人持续的成长和发展，要建立一种可持续发展的组织机制，不断反思自身的问题，并创造性地解决问题，加强持续改进的过程。学校要成为发展型组织，重要在于鼓励和支持教师个人成长和专业化发展，并主动为每个人创造多样的发展机会和空间。校长是校本教研的第一责任人，是校本教研制度的身体力行者，必须对校本教研活动进行统一规划管理，形成领导重视、制度健全、分工明确的校本教研局面，聚焦课堂、关注学校、为了师生，促进学校核心竞争力的提高。

（二）完善校本教研的制度机制

制度是校本教研的"导航灯"，建立完善的规章制度，创新校本教研机制，明确不同人员在校本教研中的职责，是形成浓厚教研氛围的重要保证。因此，学校应当建立并有效执行的适合校情的校本教研制度，构建与课程改革相适应的、开放的、动态的校本教研制度体系，引领教师提升自身的专业素养，促进教师自主科研意识的觉醒，使校本教研工作有序开展，走上规范化、制度化的轨道。

根据教师的实际需求来制定教研活动制度，才能唤起教师参与教研的热情，才能点燃教师的教研激情，营造和谐有效的教研氛围。校本教研制度的制定要遵循民主性和激励性原则，坚持以人为本，体现教师的主人翁地位，广泛征求全校教师的意见与建议，注重制度对人的激励作用，唤醒教师参与校本教研活动、主动寻求专业成长的热情。

要建立和完善以教师教育教学遇到的实际问题为研究对象、以课例研究或专题研究为手段、以提高教师课堂教学有效性为目标的校本教研制度，规范校本教研活动，使校本教研的开展有章可循、有规可依。校长作为第一责任人，要确立"科研兴校"的理念，重视校本教研管理，为校本教研提供必要的研究场地、工具以及书籍和网络资源等，为校本教研制度的实施提供保障。教师是校本教研的主体，完善教学研究制度是构建校本教研制度体系的基础，要细化教师教研制度包括理论学习制度、课题管理制度、教育教学反思制度、集体备课制度、学生考试与评价制度等，要完善教师示范课与公开课制度、教师结对帮带制度、教学经验交流制度等，以常规、真实课例为载体，促使教研活动"研之有物"，既要有理论指导，又要结合实例，强化过程管理，提高听评课的真实性、有效性，使学校真正成为教师专业发展的基地。

学校要建立健全校本教研评价激励机制，强化绩效考核体系建设，要把以评价激励机制为主要形式的形成性评价与教师的绩效考核、福利待遇、职称评定以及晋升制度等紧密结合，记入教师专业发展档案，通过荣誉激励和物质奖励，在精神以及物质方面进行必要的强化，实施薪酬激励、培训激励和合理的授权激励，充分调动教师的积极性，唤醒每位教师的专业追求，激发干事创业的热情，保证校本教研的持续动力。当教师最基础层次的需求得到满足后，物质激励不再是激发其积极工作的最大动机，而是自身工作的价值及带来自我实现的满足感。一所学校要想从根本上调动教职工的积极性与主动性，应在精神激励方面下更多功夫。

（三）提升教师的校本教研能力

校本教研能力是教师运用多种知识和经验，探索教育教学实践中的新思想、新方法、新手段，发现教育教学实践中的问题，综合分析研究问题并创造性地解决问题的能力。

引导教师树立正确的教研主体观念。教师要以研究主体的姿态投入到校本教研活动中，积极与其他教师及专家学者不断进行思维碰撞，将校本教研与日常的教育教学实践相结合，在实际的教学情境中以研究者的视角去发现问题、分析问题和解决问题。教师要将自身角色定位于研究者，摆脱传统

"教书匠"的标签，积极主动地参与校本教研活动，通过行动研究去解决问题，持续不断地促进自身的专业发展。

教师的自我反思是经验型教师转变为研究型教师的重要前提，是教师自我发展的基础。教师要对自身教育教学实践进行反思，以研究者的视角剖析自身的教育教学实践，深入反思自身日常的教育教学情境，改善自己的教学实践。教师也要积极与其他同事共享自己的反思结果，这样既能将自己反思过程中遇到的问题及时与其他教师进行交流，寻求到指导与帮助，同时也能参照其他同事的反思结果再次发现自身存在的问题，进而实现共同进步。教师群体间的同伴互助是促进校本教研活动有效开展的基本力量之一，在本质上是一种互利共赢的行为，所以教师在日常教育教学实践中要有意识地培养同伴互助的主动性，针对同一问题进行互相探讨、相互交流、相互启发，在思想的碰撞中形成解决问题的最佳方法，促进彼此间教育教学能力的提升。

教师要在日常的教育教学实践中培养不断学习的能力，在日常工作中不断培养个人的问题意识，提高自己发现问题的能力。本着"问题即课题，教学即研究，成长即成果"的原则，组织一线教师积极开展具有本校特点的"草根性"研究活动，力求取得"研究一点，收获一点，使用一点，提升一点"的效果。要搭建研究平台，以"科研兴校""科研强师""科研提质"为宗旨，全面落实"研究学生、研究课堂、研究评价"活动，通过提供教学现场的方式使广大教师的教学思想接受专家、同行的审视与检验，让名师工作室的领军人物与成员经常举行"教学思想专场展示"活动，通过一个个体现教学思想的报告、一节节体现教学思想的公开课、一场场深度互动的教学沙龙、一次次精准的专家把脉和同行点评，促进广大教师建构属于自己的教学框架。

引领一线教师在线上"与名师对话、与专家交流、与同行切磋"，通过面对面接触、心与心沟通，不断更新或升华教育理念，以鼓励教师书写教育日志为突破口，培养教师坚持动笔、勤于思考、善于交流的习惯，让一批批敢想、敢说、敢做的"创新型"骨干教师脱颖而出。发挥骨干教师的示范作用，带头写一篇有深度的读书感悟，上一节体现先进理念的汇报课，写一篇有思想的教学反思，搞一节有高度的案例式评课，写一则有哲理的教育故事，写一篇有质量的研究论文，申报一个有价值的研究课题，借助榜样的力量，促进教师群体共同发展，全面提升学校的教科研品质。实行重点课题竞争申报、择优立项活动，大力实施"成长、成熟、成名"工程，努力提升一线教师的教科研能力。

（四）革新校本教研的活动形式

校本教研活动形式是校本教研顺利开展的重要媒介，要把常规教研与专题式教研有机结合起来。常规教研主要是研究教师如何教授知识点、学生如何掌握重点与难点、如何加快青年教师的成长、教师如何掌握新的教学方法等，通常都是以学科组集体备课的形式进行。通过青年教师上汇报课、骨干教师上示范课、新老教师结对子等活动，激活教师参与校本教研的热情。深化和改造集体备课、说课、评课、观摩课堂教学等传统活动形式，重新调整这些活动的校本教研策略，加强每位教师的真实参与性，突出"研究"的特点，让每个教师积极表达自己的观点，确保每位教师都能真正参与到校本教研活动中来。要丰富发展校本教研活动的新形式，根据学校自身的实际情况，在综合考虑学校资源与教师需求的基础上，充分利用信息技术搭建网络教研平台，以课题研究为核心、以课例研究为载体、以常规研究为基础，不断创新校本教研的形式。

开展以课例为载体的教学研讨，通过真枪实战的操练，切实提高教师的教学水平。在研讨过程中，采用"设计—共享—创新—实践—反思"的模式，发挥教师的合作精神，实现资源共享，使教师在摆脱了重复劳动之后，把更多精力放入创新教学研究中，突破个人教学思路，每位教师可根据自己的教学风格和本班学生特点自主设计教学过程，其他教师及校领导进行听评课。评课更多的是研究这种类型的课应该怎么安排教学设计、课堂教学中应该注意什么，最后每位教师根据评课的意见，结合学生和自身特点进行整改，然后再选一名教师举行校级公开课进行总结汇报展示，通过对不同课型的课例研究，提高有效课堂建构的能力，形成"以学定教"的习惯，提高教师队伍的整体教学水平。通过对一节节鲜活有意义的课堂教学的观摩，促进教师教学水平的提高，让教师明白听什么、怎么评，从教师怎么教转向关注学生怎么学，关注学生在整堂课中注意力集中情况、参与程度、活动状态、目标的完成情况等。通过这种形式的听评课，为教师探究教学方法、分析研究教材提供平台，让教师在自我反思、同伴互助中不断地更新教育教学理念、完善教学行为、提高教学能力。

开展主题式课例研修行动，让教师在合作中成长，改变现场只看只听却不想不记的状态，引导教师观课、听评、听讲座，与执教者、点评者、讲座者平行、同步地积极观察、思考和梳理，把经验内涵化为做法，把"高素质、专业化、创新型"愿景，历练成看得见、摸得着的专业能力。做"高素质"好教师，就要一边教学、一边研课，让教师在课堂中成长，教学在改进中成熟，引领者、观摩者、上课者在课例主题视域下"摆进自我"，我在场、我思悟，评论课堂得失，看人家的，想自己的，采用"批注设计"的观评方法，观察实证，提炼观点，有根有据。教学素养是在课堂发生的，教师把课程用主题贯通，扎根课堂反思改进，运用教师主体实践与反思融合的方式，实现教学素养的提升。一线教师实践先行，到课堂里寻找体悟的有效方法，先有了初步感知，再在体验中对话，是成长的最佳办法。[67] 正是由于案例研究的切入点小、贴近课堂教学现状，才能使教师渐渐养成反思的习惯，有效地提升教师的实践能力和研究能力。

以问题探讨和教学设计为主的集体备课是校本教研核心要素最集中的体现，对解决教学中的共性问题具有重要作用。每周集备要确立一位中心发言

---

[67] 关景双. 以课例研修促教学素养提升 [N]. 中国教育报，2019-03-20(11).

人，将下周工作进行分配，分别确定新授课、练习课教学设计，编写制作课件、习题作业的教师，中心发言人准备集体学习或研讨内容。各位教师根据自己的分工开展工作，深入、细致地研究教材、学生、教法、学法，在集备前两天将课件、教案、试题、学习或讨论内容通过微信群发给组内各位教师，教师在集备前将群发的内容认真阅读，提出自己的观点，为集体备课做好准备。全组人员参加集体备课，集备时首先对上周教学中出现的问题进行反思和总结，再分别由教案课件试题的编写老师对其进行讲解，其他人就其中的教学重难点、某一环节、试题形式内容提出自己的意见，由中心发言人负责记录汇总，进行集体学习或问题研讨时，由于材料集备前已发送给教师，所以在集备时每位教师都要参与发言讨论，由中心发言人组织讨论记录。最后集备课结束后，根据集备讨论的内容和所教学生特点对统一的课件教案试题进行修改形成个案，发送给教研组长整合并在下一次集体备课中就自己的教学实践进行反思，使教师的缄默知识显性化，个人教学经验得到共享甚至创造出更有价值的策略。[68] 教师在教研组中通过集体备课、相互听课、集体研讨等方式，发现问题、解决问题，促进了有效互助，使教研组成为真正的学习型的教研团队。通过一次又一次的教研活动，"磨"出一个个教育教学实践中的典型"小课题"，也"磨"出一节节好课。这种集体备课带有很强的"研"的成分，能促使教研组内成员真诚相待，从而形成良好的合作文化。

（五）坚持校本教研的问题导向

校本教研既然是一种研究，就要遵循研究的基本程序，就应尽量体现出研究的具体要求和规范。一般来说，校本教研总要经历以下几个过程：

1. 提出问题

教学研究以教学问题为起点，校本教研强调教师解决自己的实际的教学

---

[68] 林卫卫. 以校本教研促进教师专业发展实践研究 [D]. 青岛大学. 2017.

问题。比如，根据新课程的教学观以及新课程所倡导的学习方式，在实践层面上教师应该具体怎么做，才能实现新课程的培养目标。但是，教学中出现的问题能否成为研究的问题，关键在于教师是否有问题意识和探索精神。

教师能否以"参与者"的态度提问，以"当事人"的角度提问，将直接影响着教师参与教学研究的程度，也直接影响着教学研究对教学实践的改进程度。校本教研所指向的教学问题是教师"自己的问题"，只有选择教育教学中的"真问题"进行研究，才是教师开展校本教研的主旨所在，才能真正助推学校教育教学质量的有效提升。一是把自己在教育教学实践中遇到的真正有价值的问题提炼出来，这些问题是工作中不能简单解决又无法忽略和回避的真实问题；二是教师根据上级部门提供的各类课题指南，选出与自己教育教学相贴近且感兴趣的课题进行研究；三是教师所在学校本身有一个总课题，在总课题基础上各学科或年级分解出一些子课题，教师可以根据自己的需要承担子课题，开展务实研究。

2. 研究设计

研究设计意味着针对问题，提出假设。假设是一种走在行动之前的思想、一种先于实事的猜想，是研究者从思想观上对未来的洞察和把握，所以它能使研究活动更富有预见性。一个好的假设，是解决教学问题、发现教学规律、形成科学的教学理论的前提，是进行校本教研的核心。教师在自己的教学中发现某个有价值的教学问题之后，在一系列教学设计中，寻找和确定解决该问题的基本思路与方法，并在相当长的时间内对该问题保持持续的关注。教师要借鉴他人的经验，总结自己的经验，设计解决问题的有效方案。只有当教师持续关注某个有意义的教学问题，只有当教师比较细心地设计解决问题的思路，这样的教学问题才能转化为研究课题。

3. 行动研究

对教师来说，行动意味着改革、改进和进步。在行动时，不能拘泥于事先的设计，要根据实际情况，随时对设计作出有根据的调整。反映在课堂上，上课不是执行教案而是教案再创造的过程。反映在教师的教学上，不是教教材，而是用教材教；不是把心思放在教材、教参和教案上，而是放在观察学生、倾听学生、发现学生上，把学生看作学习的真正主体和教学过程中不可缺少的重要组成部分，在"教学对话"中创造性地执行事先的"设计"。当然，任何行动都应该体现教育活动价值导向和人文关怀，有利于所有学生的成长和发展，行动探索只有在完整的关注学生全面成长的前提下进行，才是有价值的、符合教育道德的。

开展校本课题研究，用龙头课题引领学校整体发展，以本校教育教学改革与发展的全局为视域，借助行政手段整合学校资源，把全校教师组织到课题研究中来，校长要成为研究的引领者、指导者，学校各部门要依据龙头课题及实际工作需求确定子课题。用学科课题引领教师集体发展，要聚焦课改理念在学科教学上的落实，凝聚教研组团队的力量集体攻关，推动教师团队专业成长，以教师成长带动学校办学质量的整体提升。用小微课题引领教师个性发展，鼓励教师善于发现和解决日常教学中的小问题，把小问题变成科研项目，支持教师开展"基于问题解决"的项目研究。开展基于解决实际问题的草根式行动研究，促进教师从"经验型"向"研究型"转变。

4. 总结反思

总结在校本教研中既是一个螺旋圈的终结，又是过渡到另一个螺旋圈的中介，在总结这个环节中教师作为研究者主要做好三件事：一是整理和描述，即对已经观察和感受到的，与问题、设计和行动有关的各种现象进行回顾、归纳和整理，其中要特别注重对有意义的"细节"及其"情节"的描述和勾画，使其成为教师自己的教育故事或教学案例。这是叙事研究在校本研究中的体现，它会给教师的研究带来新的变化，教师作为研究者不再依赖于他人的话语而转向直接讲述自己的教育生活经历和体验，这是校本研究改变教师生活方式的关键。二是评价和解释，在回顾反思、归纳整理的基础上，对问题、设计与行动的过程和结果作出判断，对有关现象和原因作出分析和解释，探讨各种教学事件背后的理念，揭示规律，提高认识，提炼经验。三是重新设计，针对现有方案及实施中存在的各种偏差，以及新的感悟、新的发现、新的认识和新的思考，修改原有方案或重新设计方案，并付诸实施，进行进一步检验、论证和改革探索。校本教研的目的是为了改进，它不可能停止在一个凝固的"成果"上，而是一个不间断的自我修订、自我完善的过程。所以任何总结，都意味着一个新的开始。

上述四个环节构成了校本教研的一个相对完整的螺旋圈，这个螺旋圈可以以一个学段、一个学年为单位，也可以以一个单元、一节课为单位。校本教研过程就是问题—设计—行动—总结循环往复、螺旋上升的过程。[69]

【案例】山东 YX 中学校本教研案例

校本教研的基本操作模式是：以解决问题为目标，以课例分析为载体，以科学观察为手段，以行动研究、反思为主要途径。

基本流程如下：

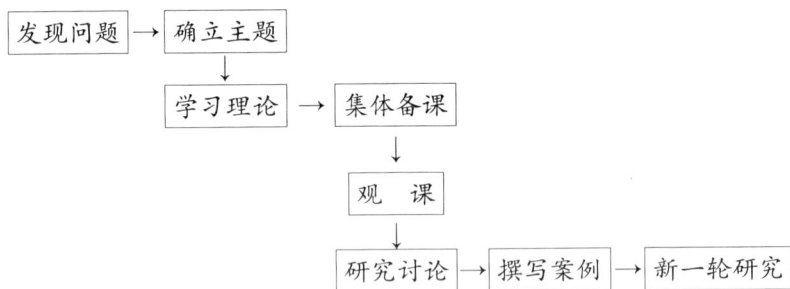

以下是英语学科的一次校本教研活动：

第一步：发现问题，确立主题。

1. 课标要求：新课标指出"在阅读教学中，要让学生充分地读，在读中整体感知，有所感悟，培养语感，受到情感的熏陶。朗读能发展学生的思维，激发学生的情趣。学生朗读能力逐步提高，对课文内容的理解就会逐步

[69] 谌启标. 新课程与学校管理创新 [M]. 福州：福建教育出版社, 2004: 298.

加深"。

2. 教学困惑：新课程背景下如何进行朗读教学？

3. 名师启发：（1）教师对教材的把握准确，找准指导朗读的切入点；（2）教师对课堂生成资源的把握到位。

第二步：理论学习，提高认识。

理论学习资料：《高级中学课程标准——英语》《课程标准解读》《走进新课程》等。召开问题讨论会，提出假设，目的是聚焦课堂、改进教学。

第三步：以课例为载体研究实践。

课例：The British Isles 实践：集体备课，公开教学。

第四步：集体评议：反思教学—教者反思。

（1）教学不是一种告诉，而是一种体验，力求"以读为本，边读边悟，强化互动，引领文化"；（2）教学需要充分预设，也需要即时生成，在课堂上做到随学而导。

第五步：归纳共识，生成问题。

（1）总结本次活动共识；（2）拟定下次活动主题；（3）教研组长总结。

五、构建校本教研共同体

校本教研共同体是一个由教师自主组成，以共同的愿景为基础，通过不断交流、沟通、协作、分享资源以共同完成任务的学习型组织。在校本教研共同体中，具有不同背景、经验、水平的成员对教学问题进行共同探讨，共享知识、分享经验、交流情感，不断改进教学活动。

（一）校本教研共同体的特征

校本教研共同体是教师基于强烈的研究意愿和共同的研究兴趣自愿组建的团体组织，其目标是立足校本研究活动，通过互动教研、共享智慧，在共同参与的教育实践和研究实践中最终促进自我发展。共同体中的教师，既可以进行经验共享，也可以进行思想碰撞和观点交流，还能够开阔观察问题的视野，并获得一些精神支持，从而有效改变教师专业发展"单兵作战"方式形成的思路狭隘、意识局限以及生成有限等问题。[70]结合我国基础教育的实际，校本教研共同体有以下特征。

1. 以共同目标为前提

推动教师专业发展和学校教育教学水平的提高，是校本教研共同体的目标，教师与同行之间相互了解，是形成教学研究共同体的前提。成员之间必须相互了解彼此的工作，才能够产生理解与包容，遵守共同体的信仰和发展目标。教师在日常教学工作和活动中，基于一定的教学问题，在共同发展目标下，共享一定的资源和利益，通过建立一定的机制，与同事、同行等形成一个相互交流、相互沟通的交往关系，这是凝聚校本教研共同体的纽带，也是提高自身教学水平的有效途径。

2. 以共享信念为基础

校本教研共同体中共享的信念包含了教师个人信念和共同体信念，而校本教研共同体的信念是在个人信念与共同体信念相结合、个人信念服从共同体信念的过程中形成的。校本教研共同体中共享的信念是指教师的认知成长与身份发展和促进学生全面发展，即实现教师自身的专业发展和学校的教育目标。教师积极致力于共同体活动中，不断地与其他成员进行沟通、交流，在教育实践中形成一种教育智慧，用于解决教学情境中的实际问题，有利于提高教师解决问题的能力，最终实现教师认知的成长。在校本教研活动中探求知识，促使教师对于知识产生责任感，在这一过程中教师共同体的身份感也就油然而生。

---

[70] 潘洪建,仇丽君.学习共同体研究：成绩、问题与前瞻 [J]. 当代教育与文化,2011,03: 56-61.

3. 以相互交流为平台

校本教研共同体实现了学习者与教育者的平等，打破了两者间的界限，以共同体作为交流平台将教师们聚集起来。校本教研共同体是以教学实际问题解决的需要为基础而开展的，改变了传统教师培训过于注重理论教学而忽视了理论联系实际的模式，有利于形成一种平等合作对话的交流方式，使教师之间没有地位高低之差，能促进教师之间的平等交流，更好地沟通并分享自己的教学经验，这对于教师专业发展是至关重要的。共同体成员的对话是民主的，是真正的共同反思、共同建构的过程，对参与者转变教育观念的影响是很大的。

4. 以协商文化为背景

共同愿景不是共同体强加给个人的，要把大家的个人愿景统合起来成为共同愿景，需要通过协商，帮助成员明确利益关系、目标和方向。在校本教研共同体中，教师都是根据自身发展需要自愿参加各种研究活动，而且在不同的活动中，成员会随着活动主题的不同而身份有所变化，在自身优势方面，可以充分分享自己的经验，成为一名中心者，当然面对自己相对较弱的问题，教师可以成为一名倾听者，向其他优秀者学习。在教学工作的基本环节：备课、上课、作业的布置及信息反馈、课后辅导、学生学业成绩的评定及反馈中，每位教师都有自己的优势，都能成为共同体活动中的中心者。教师之间要进行对话沟通、分享教育资源、情感交流，就需要建立教师之间相互影响、相互协商的文化背景。这种文化背景是开放式的、变化发展的，也是建立在共同信念和教师专业发展需求基础上的。

（二）校本教研共同体的构建

校本教研共同体本质上是一种专业共同体，以教师自觉参与、主动发展为动力，以共同愿景为纽带，以参与、对话和合作为核心，自下而上建立，它的组建以推进教师专业发展以及学校变革提升为目的。学校可借助校本教研共同体建设，提升校本教研效果的"群体效应"，形成良好的校本教研氛围，打造教师专业成长的新支点。

1. 明确共同愿景

共同愿景是校本教研中成员间形成凝聚力的保障，是校本教研共同体运作的核心、动力，是共同体发展的方向。因此，组建校本教研共同体的首要任务是根据教师个人、共同体组织和学校发展的需要确立共同愿景，建构有利于教师成长的强健文化，使教师有着清晰的工作目的和意义感，从而为教师提供研究方向，为团队发展提供动力。教师同伴之间互助合作的学习是建立在成员有着共同的愿景，且自愿在平等友好的氛围里进行交流分享基础上的，是成员为了自己的成长而发自内心的真正合作。

校本教研共同体的文化主要是以"协商、分享、互助"为核心的学校文化，以教师之间畅通无阻的交流与对话为实现形式，交流与对话是实现成员间分享的前提与基础，是共同体前进的方式与力量。共同愿景为共同体内成员的努力提供了焦点和能量，只有当共同体中的成员拥有一个共同愿景，朝着共同的目标努力的时候，才有可能发挥出自主能动性，实现共同体知识的创生。真正共同体是透过论争而不是竞争来推进认知的。竞争是个人为了牟取私利而秘密进行的、得失所系的比赛；而论争是公开的，有时是喧闹的，但永远是群体共享的。在这个公开的、群体的论争中，每个人都有可能在学习和成长的过程中成为胜者。因此，校本教研共同体不应该止步于人际关系的亲密和谐，更重要的是聚焦教育本质，在彼此尊重与信任的基础上进行充分的对话与论争，形成支持与引领学生学习的教学实践。校长在打造校本教研共同体时，要努力将学校的办学目标、办学理念、管理思想等塑造成团队的共同价值观，以此驱动团队成员为学校的共同愿景凝心聚力。

2. 增强主体意识

校本教研是一个以教师为主体，通过主体之间相互影响、相互作用，达成信息交换和行为交互，以解决教育教学实际问题为目标的互动过程。[71]教师针对自身实践中发现的问题，通过与同伴之间的探讨与研究，得出适合自身的解决办法，付诸实践去检验，并将检验结果再次进行探讨。在这个过程中，教师是发现问题、解决问题、进行检验等一系列环节的践行者，是校本教研的主体。校本教研共同体要求成员完全参与到活动中去，发挥自身的主动性和积极性，与同伴进行充分的、毫无保留的交流与分享，实现实践性知识的创生。教师如果认识不到自身专业发展的主体地位，专业发展只能是无源之水。只有教师主体参与教研活动，主体意识融入的教研共同体才是真正的校本教研共同体。缺乏教师主体的参与，没有观点的碰撞、理论的交锋、经验的融合、知识的内化及教师缄默知识的显性化，建立校本教研共同体是不可能的。必须唤醒教师的教研主体意识，如果说教师专业发展本质上也是教师学习，教师主体缺乏无异于填鸭式教育。教师专业发展的主体性和自主性不仅强调教师主体参与的教研共同体活动，同时还重视教学反思、专业阅读等个体行动。

在校本教研共同体的建设中，教师参与的自发性和自主性至关重要，必须尊重和保护教师的专业自主，注重教师主体作用的发挥，保证共同体内每一位教师的主体性释放，主体之间在共同价值取向之下自觉地相互协作、共同成长。真正有意义的学习是自我推动的学习，一线教师的主动研修和互助学习是其获得持续成长的核心力量，共同体的成员要把自我反思、群体反思和行动研究作为学习的重要途径，最终达到教师个体和群体的专业素质共同提高的目的。共同体的组建要打破学科壁垒，鼓励基于同一个主题跨学科开展教学观摩、案例分析、专题研讨等，在观念的碰撞中分享教学经验与成果。

在校本教研共同体的建设中，还要明确教师参与校本教研的话语权、行动权，引导教师主动关注真实的教学实践，开展富有生命力的"草根式"研

---

[71] 吴立宝, 栗肖飞. 中小学校本教研的困境、成因与突破路径 [J]. 课程·教材·教法, 2019(6): 125−130.

究。校本教研共同体突破了以往科层制教研组织，是以研究为目的结合而成的扁平化教研组织，是因为对某些问题的共同兴趣，以及通过共同的分享、交流、探究解决这些问题的共同愿景而结成的。因此，在问题的驱动中要充分尊重教师的个性和话语权，激发教师参与教研的内生动力。教师以积极、平等的主体参与者身份，与他人互动和交流，在观点的交融、情感的分享和困惑的表达中实现自我意识的觉醒、专业反思的深入、知识视野的拓展、价值理念的通达、知识建构的完成，实现主体性的极大发展。同时，研究共同体也会形成一种潜移默化的文化，教师长期浸染其中，会不断形成校本教研的专业主体自觉，不断自主、理性地反思自身的教育观念和行为，促进专业的自主发展。

3. 搭建活动平台

抓住教学中的"真问题"，体现校本教研的整体性，举行多种形式的教师实践活动，创新校本教研活动方式，是建设校本教研共同体的关键。校本教研共同体负责人应根据教师特点和教学需求定期或不定期举行活动，分享阶段性的研究成果，做好资料整理、分析和积累工作，及时上传到校本教研共同体互动交流的网络平台。

开展同课异构。通过构建以课例研究为载体、以教材解读为抓手的"同课异构共同体"，开展主题校本教研活动，促进校本教研共同体发展。同课异构针对教师在教学中最关心或者最困惑的问题展开，其最重要的前提就是"同"，选用同一教学内容。这是以学生为立足点，以达成教学目标和提升教学效果为准绳，以比较研究为方法，以同伴互助为桥梁的一种校本教研模式。开展同课异构，首先组织教师交流，梳理教学中的关键问题，通过集体讨论确定以某一教学内容作为研究课题，交由授课教师进行独立的教学准备与设计，经过集体备课与个人备课后，由不同的教师根据学生情况、现有的教学条件以及自身对教材的理解，结合自身的教学风格进行教学设计并进行课堂讲授，最后通过专家、同伴等参与者的点评与教师个人的自我反思来达到促进教师专业能力发展的目标。还可以组建基于信息技术应用能力的"微课共同体"，通过微课制作培训、微课大赛、微课制作经验交流等，促进共同体成员信息技术应用能力的提升并使之融合到学科教学中。通过"微课共同体"的共同探究和"传帮带"，制作适合课堂特点的微课体系，采用"主题内容＋自主探究＋交流分享＋形成解决方案"的学习链，促进学生自主合作学习能力的提升，有助于形成独特的教学风格。

探讨翻转课堂。重新调整课堂内外的时间，将学习的决定权从教师转移给学生，是充分利用信息技术的一种新型教学模式，是学习流程的重新建构，能够发挥线上学习与线下学习相结合的优势。它与传统的教学过程正好相反，是让学生先根据学习任务和学习资源自主完成知识的学习，产生问题和疑惑，再到课堂上互动探究。在这种教学模式下，学生能够在课堂内专注于基于项目的学习，研究解决面临的问题与挑战，从而获得更深层次的理解，教师不再占用课堂的时间来讲授信息，这些信息需要学生在课前完成自主学习。在课后，学生自主规划学习内容、学习节奏和呈现知识的方式，教师则采用讲授法和协作法来满足学生的需要和促成他们的个性化学习，其目标是为了让学生通过实践获得更真实的知识，让学习更加灵活、主动，让学生的参与度更强。网络的发展极大地丰富了获取教学资源的渠道，教学资源的积累、融合及再创作变得更加容易，可以在教学过程中引入大量图文、PPT、音视频等材料，大幅提高教学的丰富性。要积极探索移动互联网下翻转课堂的新模式，利用慕课及微视频技术进行教学，是互联网时代更加丰富的一种授课形式，要求我们不断优化创新教学模式，由此将引发教师角色、课程模式、管理模式等一系列变革。翻转课堂对教师素质能力提出了更高的要求，要求其有较高的教育信息技术应用能力，有较高的教学设计能力，教师要根据学习任务而不是知识体系设计教学过程，课堂上会将更多的时间和精力留给学生，必须树立"以学生为主体"的教育理念，提高专业素养、沟通及协调组织能力，促进师生的友好交流，更为准确、详细地了解学生的学习状况及容易遇到的难题，对学生进行更有针对性的辅导，进而提高学生的学习效果。

构建网络教研共同体。可以充分利用网络进行校本教研，利用学校 OA 系统以及签约网站，建立课件、教案、学案、练习、考题等的学校教学资源库，便于资源共享。可以通过以下形式进行网络教研：第一种形式是在网络上建立教研论坛，教师可以在课后的任何时候参与教研论坛里面的谈论。第二种形式是建立网络课题研究，组成一个团队对一个课题在网上进行研究讨论。第三种形式是教师上传自己的反思日记、优秀教学案例，供大家一起交流与学习。第四种形式是在网上上传专家的讲座视频，这样可以充分发挥专家对校本教研共同体的引领作用，提高教师的教育科研理论素养。微课这种以视频为主要载体记录教师针对某个教学重难点、教学亮点、教学思考开展的简短和完整的教学活动，也是校本教研的重要载体，它逐渐成为评估教师运用信息技术能力和促进教师专业发展的重要内容和形式之一，也是教师教育教学成果交流和教学风采展示的平台。通过教师共同体的运作，帮助教师解决教学实践中遇到的各种问题，厘清教师的教学思路、清晰教师的教学理念、澄清教师的教学困惑，相互进行专业切磋，共同分享教学经验，实现共同成长。

4. 优化激励机制

制订教师专业发展的评价与激励方案，指导共同体成员进行评价、交流、帮扶、跟岗学习，将校本教研成果（优秀教学、教学反思、教学日记、优秀教案等）列入绩效考核，也可积极鼓励教师开展校内教研成果交流，并制订一定的团队性奖励措施等。[72] 建立集体评价和个人评价相结合、物质激励和精神激励相结合的多样化评价体系，鼓励那些为共同体活动作出贡献的个人或组织，使共同体成为一种人人参与、充满生机和活力的组织。将评价结果作为评比、晋升、绩效工资、岗位设置等的重要参考依据，为教师专业发展提供保障。

---

[72] 范蔚, 谭天美. 校本教研生态失衡的根源探析 [J]. 中国教育学刊, 2015(10): 27–30.

校长对于共同体的建立和发展，拥有最大的影响力。校长是教师专业共同体互动合作的"催化剂"，校长引领是校本教研共同体在互助合作中构建的必由之路，校长必须正视自己的使命，引领教师专业共同体保持健康发展。[73] 校长应少控制多引导、少命令多合作，以一种松紧结合、刚柔并济的领导风格来建设校本教研共同体，要"松"在教师提出的特殊策略和实现目标的途径，"紧"在学校的主张和价值观上。唤起教师发展需要和对职业内在尊严与欢乐的认识与追求，相信教师的能力、智慧和创造力本身就是一种管理智慧的体现，因为这种信任意味着一种鼓励和促进。给教师"经验的分享"，在体验和感悟中得到发展；给教师"理智上的挑战"，在真实的问题情境中得到启迪；给教师"价值的构建"，在构建知识、培养能力、获得情感的基础上，滋长教育的理想和信念。

新时代中小学教师开展校本教研，要立足于教育教学实际，通过对教育教学工作中真实问题的研究，实现课题研究过程与自身工作过程的有机融合，进而提升工作质量，养成在工作状态下研究、在研究中工作的良好习惯，让研究成为一种工作常态。

---

[73] 谢延龙, 牛利华. 校长引领: 在互动合作中生成教师专业共同体 [J]. 湖南师范大学教育科学学报, 2009(1): 74-77.

第六章 校本培训实施

教师是教育改革的中坚力量，师资是挺起学校发展的脊梁，一流的学校需要一流的师资队伍，一流的师资队伍是衡量一所优质学校的主要指标，一流的师资队伍需要在特定的环境中去培养、历练，磨合、发展。随着基础教育改革的深入，从教育理念到教学方法＋、评价方式都需要教师作出巨大的改变，而这些改变需要通过教师学习培训来实现，重新学习已成为学校每个教师的首要任务。因此，就构建校本治理制度而言，学校应积极建设成"学习型组织"，通过团体学习、教师培训来发挥集体智慧，逐步使学校走上智慧化管理的道路。

一、校本培训概述

（一）校本培训的兴起与发展

从 20 世纪 70 年代开始，英美等西方国家针对院校培训一统天下、培训理论与教育实践脱节等弊端提出一种新的教师专业发展模式——校本培训，主张以中小学校为基地的培训模式，认为要提高教师的教学质量，只有到学校教学现场和教室中去观察分析、了解掌握具体教学问题，并根据学校和教师的实际需求，采用理论与实践相结合的原则展开培训。

改革开放 40 多年来，我国中小学队伍教师建设卓有成效，推动了我国基础教育的改革与发展。20 世纪 80 年代，教师培训工作逐步恢复，国家按照

"教什么，学什么""缺什么，补什么"的原则对中小学教师进行培训，主要进行了学历达标培训和岗位合格培训，采用了离职进修、函授、电大、"三沟通"[74]等形式。在这一过程中，师范院校、教师进修学校等发挥了重要作用。

20世纪90年代，国家教委决定在全国开展中小学教师继续教育，先后颁发《关于开展小学教师继续教育的意见》等一系列文件，对教师加强政治思想、师德修养、教育理论、教学艺术等方面的培训。1999年教育部颁发的《中小学教师继续教育规定》指出，中小学教师继续教育以提高教师实施素质教育的能力和水平为重点，并首次提出中小学校是教师继续教育的重要基地，各中小学校都要制订本校教师培训计划，建立教师培训档案，组织多种形式的校本培训。

2001年国务院颁布《关于基础教育改革与发展的决定》，提出建设一支高素质的教师队伍是扎实推进素质教育的关键，要以转变教育观念，提高职业道德和教育教学水平为重点，紧密结合基础教育课程改革，加强中小学教师继续教育工作，健全教师培训制度，加强培训基地建设。伴随着我国第八次基础教育课程改革的启动，校本培训、校本教研作为一种新型的教师专业发展模式进入基础教育领域，旨在建立与新课程体系相适应的教师研修制度，构建学习型组织，推动中小学教师继续教育的范式革新。

2010年6月，教育部、财政部决定实施"中小学教师国家级培训计划"（"国培计划"）。根据联合国教科文组织教师教育中心发布的"国培计划"蓝皮书（2010—2019）统计，十年来我国开展了全球最大规模教师培训行动，坚持服务基础教育改革发展，坚决落实扶贫攻坚，强化分层分类施训，有针对性地提升教师核心素养和关键能力。

2013年教育部发布《关于深化中小学教师培训模式改革全面提升培训质量的指导意见》，提出增强培训针对性确保按需施训、改进培训内容贴近一线

---

[74] "三沟通"，指运用函授教育、卫星电视教育和高等教育自学考试相结合的方式进行中学教师的培训。

教师教育教学实际、转变培训方式提升教师参训实效、强化培训自主性激发教师参训动力等指导意见。2014 年，教育部公布的《关于实施卓越教师培养计划的意见》明确提出，建立大学、地方政府、地方中小学"三位一体"的协同培养新机制，将教师的培养贯穿于教师职前和职后培训的全过程，构建教师培养一体化的新模式。2016 年教育部《关于大力推行中小学教师培训学分管理的指导意见》指出：中小学校要制订校本研修规划，有针对性地设计校本研修项目、开发校本研修课程，着力解决教师日常教育教学问题，促进教师自主发展。

2018 年中共中央、国务院颁布的《关于全面深化新时代教师队伍建设的改革意见》明确提出，到 2035 年实现"教师综合素质、专业化水平和创新能力大幅提升，培养造就出数以百万计的骨干教师、数以十万计的卓越教师、数以万计的教育家型教师""开展中小学教师全员培训，促进教师终身学习和专业发展。转变培训方式，推动信息技术与教师培训的有机融合，实行线上线下的相结合的混合式研修；改进培训内容，紧密结合教育教学一线实际，组织高质量的培训，使教师精心钻研教学，切实提高教学水平"。各地立足校本治理思想，以实施新课程改革为主要任务，实现校本培训、校本教研与校本研修的升级发展，重心逐渐转向信息技术掌握、教育科研渗透及以教师备课、课堂及课后指导等教学专业能力提升转变，逐步形成省一市一县一校四级管理、层级推动的校本培训新格局。

（二）校本培训的基本内涵

校本培训的产生使师资培训的理念、制度和策略等都有了很大的改变，特别是对教师任职学校在培训中的地位、作用有了新的认识。校本培训由中小学组织领导，紧密结合学校工作实践自主开展，是以提高学校教学质量、促进教师专业发展为目的的教师在职培训。主要包含以下几个方面的涵义：

（1）校本培训（School-based Inservicetraining）指的是源于学校课程、教

学和整体规划的需要，由学校发起组织，旨在满足教师工作需求的校内培训活动。

（2）校本培训充分体现了"为了学校""在学校中""基于学校"的校本意蕴。为了学校是指培训要以解决学校所面临的实际问题、促进学校的发展为直接指向；在学校中是指培训的问题要由学校中的校长、教师共同探讨来解决，学校是整个培训的主体，负责培训的策划、组织、实施和评价；基于学校是指培训要以教师任职学校为培训基地，充分地利用学校的现有资源。

（3）教师任职学校不仅是学生学习的场所，也是教师自我教育与发展的重要基地，校本培训要与教师的教育教学实践活动紧密相连，解决学校和教师面临的问题，以促进教师"教学—学习—研究"统一为原则，满足学校发展和教师专业发展的需要。

（三）校本培训的基本内容

教师完整的知识体系包括显性知识体系和隐性知识体系。其中，显性知识体系是教师的学科专业知识，而隐性知识体系指的是除了学科知识外还须具备良好的文化素养，这其中就包括对学生发展进行分析、预测和指导的能力、驾驭教材和组织教学的能力、精湛的语言表达能力、运用现代教育技术手段的能力、较强的组织管理能力、较高的教育机制，还要有一定的教育科研能力。无论是显性知识还是隐性知识，都随着现代社会高速发展而不断更新，所以，现代教育背景下的教师专业化呈现出动态性特征。

围绕教育改革发展的中心任务，准确把握教育高质量发展的阶段特征和客观需求，统筹思想政治、师德师风、业务能力培训，紧扣培养造就高素质专业化教师队伍的战略目标，根据实施素质教育的要求，针对不同类别、层次、岗位教师的需求，以问题为中心、案例为载体，科学设计培训课程，丰富和优化培训内容，不断提高教师培训的针对性和实效性，促进教师价值观念、教育理念、能力结构、思维方式等的转变与提升，打造一支师德高尚、业务精湛、结构合理、充满活力的高素质专业化教师队伍。

校本培训的内容选择应该根据教师的原有基础、工作现状和实际需要来制订。由于各学校之间的发展不平衡、教师之间的水平也不一致，所以不同学校、不同时期的校本培训可以有不同的内容重点和体系。[75] 一般来讲，中小学教师校本培训的主要内容有以下几个方面。

1. 现代教育理论

主要是教育学、心理学、课程论、教育哲学等内容，包括现代教育观念与思想、教育改革与发展、学生身心发展特点、教育测量与评价、教育与心理咨询、课程开发等，主要目的是帮助教师树立与新课程相适应的现代教育观念，运用大教育观和学习观对自己的教育行为进行反思。

当前，要特别重视新课程理念通识培训，使教师理解新课程的指导思想、改革背景、改革目标，以及新课程的内容、结构与实施策略，从整体上认识课程的教育价值和创新点，提升教师对学生发展核心素养、学业质量水平的理解和把握能力，对学生的生涯规划引领能力，以及对综合实践活动的开发指导水平等。

2. 教学专业能力

加强对教师的专业培训，主要包括专业知识的更新与扩展、现代教学方法、教学模式、教案设计、教师角色的转变等，培训教师在教学活动中的提问与导入、沟通与表达、强化与刺激、分组活动、补偿教学等基本技能，教学设计、教学实施、学业检查与评价以及合作研究、偶发事件处理的能力，集中于教师胜任教学特别是革新教学的各种能力和实践过程中解决实际问题的能力，丰富和发展教师教育智慧。

着重开展新课程学科培训，为教师创造性地开发和使用教材提供指导，使教师从学科课程改革中理解各学习领域的教育意义，力求在实践中体现出

---

[75] 周仁康.走向智慧的校本管理 [M].北京：国家行政学院出版社，2013:172.

新课标的教育理念。

3. 信息技术应用能力

"互联网 +"正在引发教育的深刻变革，聚焦课堂，提升教师信息化教学能力，是适应信息化教育发展的必然需求，是中小学需要着力解决的重要问题之一。信息化教学能力是教师恰当地运用信息技术对教学过程和教学资源设计、开发、实施、管理和评价的能力，是以提高教学质量与效率为目的，开展教学改革与创新的新型教学能力。教师信息化教学能力是决定基础教育教学质量和效果的关键性因素，是推动信息技术与教育融合创新发展的根本力量。

以提升教师信息技术应用能力为基础，以促进信息技术与教学融合创新为主线，将信息化教学理念、信息技术素养、课堂应用、教学科研和教师专业发展全面融合，全方位多层次提升教师的信息化应用与创新水平。[76] 以信息化为突破口，以智慧教育教学改革为手段，全面理解教育信息化理念、提高教师信息素养，全面提升教师信息化教学能力。[77] 教育部《教育信息化 2.0 行动计划》也把教学应用覆盖全体教师、信息化应用水平和师生信息素养普遍提高等作为重要目标，以增强教师在信息化环境下创新教育教学的能力。

4. 教育科研方法

培养教师良好的教学研究意识，形成科学的思维方式，促使教师成为研究者，提高教师依据各自教育教学实际开展校本教研的能力，使教师明确课题研究的基本过程，掌握开题报告、设计方案、结题报告以及教科研论文的撰写要求，全面提升教师的教科研能力和专业发展水平。从理论与实践的结合上指导教师更加规范、科学地进行课程与教学研究，同时也帮助优秀教师把教育、教学与课程改革中的实践经验提升为理论，形成研究成果。

[76] 唐瓷 , 周鑫燚 , 任迎虹 . 中小学教师信息化教学能力校本培训模式建构与思考 [J]. 中小学教师培训 ,2019(1):20-22.

[77] 唐瓷 . 信息化背景下教师的变革与提升 [J]. 中国教育学刊 ,2018(7):105.

5. 职业道德教育

加强师德教育，提升师德素养，树立无私奉献的理想和敬业爱生的精神，让广大教师真正成为新时代贯彻落实党的教育方针的坚强力量。根据党和国家对教师做"四有"好老师和"四个引路人"的要求，将思想政治和师德师风作为必修内容，将国家安全、法治教育、生态教育等内容纳入培训，增强教师教书育人的责任感和能力水平，树立全员德育的理念，重视教师职业理想和职业道德教育。

6. 学校管理工作

加强学校教育理念、特色教育、科研成果的培训，让教师了解学校是如何运作的，有利于教师对学校管理及学校和班级在教育系统中地位的认识，有利于教师积极有效地参与学校的改革和发展。针对班主任工作中的实际问题，加强班主任工作基本规范、班级管理、未成年人思想道德教育、学生心理健康教育、安全教育、就业与升学指导等专题培训，不断增强班主任教师的专业素养和教书育人的本领。

从校本培训内容选择的发展趋势上看，应把以"学科"为中心、着眼于知识的系统深化和整体性的培训内容，转变为以"问题"为中心，着眼于学校改革发展和教师发展中的现实问题。

二、校本培训的基本特征与模式

基于学校发展和教师自身专业成长的需要，要按照"统筹规划、改革创新、按需施训、注重实效"的原则，立足于本校的教育教学实际，不断增强培训的针对性和实效性。

（一）校本培训的基本特征

校本培训是针对已有的传统培训脱离学校和教师的实际需要等问题而逐

步发展起来的，突出了教师在岗位培训的特点，使培训与教师的教育教学紧密地联系在一起。教师在工作中学习，意味着教师要根据工作的需要不断学习新的知识与技能，并将学习的成果及时应用到实际的工作中。校本培训具有以下基本特征。

1. 针对性

校本培训以学校和教师为本位，从教师工作实践出发，针对学校发展中的问题、教师在工作中发现的问题，直指教师专业发展短板，很好地将培训与教育教学工作紧密联系起来，坚持问题导向，以解决学校和教师在教育教学中面临的各种问题为出发点，克服了培训与教育教学工作实践"两张皮"的问题。通过培训活动将教师的教学、学习、研究、实践融合在一起，使他们在培训的过程中扬长补短，有效提高专业素养，充分体现学校与教师发展的个性化需要。

学校在发展的过程中必然会产生各种需要研究、解决的问题，大到学校的办学特色，小到课堂教学中某项具体问题和方法。学校针对本校发展中生成的问题，把教师的实际工作带到培训中来，创设特有的科学研究、创新实践、实战训练为一体的培训场景，引导教师设计适合自己的教育教学实践计划，并坚持进行教学反思，真正实现"学用"结合，从而不断提高教师的教育教学能力。因此，研究解决学校发展过程中生成的问题，是校本培训的重要内容。

各种不同年龄、学科、层级、社会经历的教师，有着不同的发展需求，他们日常的教育教学行为，也会存在不同的问题和差异。校本教师培训更易于贴近教师的个性特点和不同需求，针对教师个体发展的需求，指导教师制定体现个性化的独特的个人进修计划，创设帮助其自我反思的教育教学工作环境，并根据进展情况适时调整学习进程，以解决他们的教育思想、教育观念、教育教学能力以及知识结构等方面的各种实际问题，促使"教、学、研"一体化。

2. 主体性

在实施校本培训过程中，教师任职学校是培训的发起者和组织者，培训中试图解决的问题要由校长和教师共同探讨、分析来解决，培训的主体是学校和教师自身。学校依据上级教育行政部门关于教师继续教育的政策要求，根据本校办学目标、教学改革的现实情况，自主选择确定校本培训的目标、内容、途径、组织形式等，更加彰显了教师在培训过程中的主体地位。

校本培训强调教师在培训中的自主参与意识，提倡教师在团体中自主合作学习，这有利于形成教师的主体意识，有利于明确教师参与的义务和责任，有利于满足不同层次教师的学习需求，培训成果可以直接内化为教师的教育教学能力，转化为实际教育教学效益，有利于形成教师继续教育的内在动机。

3. 实践性

由于校本培训的主阵地在教师所在学校，在教师工作的具体场域，其培训内容由学校以及教师根据教育教学实践提出，培训的形式与教育教学实践有机融合，凸显了培训的实践性。校本培训能以学校教师自我发展为先导，以满足教师自身发展内需为前提，以课堂为核心载体，搭建多元化研修平台，重点推进理论学习、教学实践问题分析和成果分享，不断增强教师自我发展、抱团发展的内驱力，最大化发挥校内优秀教师的专业引领能力，形成"优秀引领、全员共进"的发展模式，推动学校教师专业化向纵深发展。

校本培训自主选择培训资源有两种渠道：学校内部——积极依靠和利用本校教有所长、学有所长的教师，组织他们在校本培训中发挥传帮带的作用。学校外部——按照校本培训规划的要求，有选择地组织教师参加培训机构的培训活动，参与各种校外学术交流活动；有选择地利用兄弟学校的成功经验，将其开发成师训课程。[78]

---

[78] 宋萑, 王恒. 教师校本培训转化促进机制研究 [J]. 华东师范大学学报 (教育科学版), 2019(3): 52.

4. 灵活性

校本培训始终立足于教师的任职学校，而每一所学校所具有的内外环境不同，办学特色不同，发展需要不同，教师特点不同，从而使校本培训在内容设置、途径选择、对象组合、时空安排上具有广泛的灵活性。教师在工作中学习正是校本培训的基本特点，即培训不影响教师的工作。所以，在校本培训的过程中，可能是集中培训，也可能是分散培训或者自我学习；培训场所可能是在日常教学课堂中，也可能是在课堂外；可能有专门的培训者、指导者，也可能是教师之间相互学习。这种培训既可以请一些教育专家到学校来培训，也可以派教师参加校外的学习、考察、进修和培训。

学校根据自身发展的需要，将教师在工作中遇到的实际问题，灵活地设置为教师培训的内容，如理论性与技能性的、教师专业发展过程中通用的与任务驱动的、反映学科新知识的与解决实际问题的等。根据培训内容灵活地选择合适的培训形式，可以是教师的教学实践，也可以是专题讲座、合作交流、师带徒制、问题研讨、个案分析等。校本培训的过程不是固定程式化的，而是紧紧围绕教师的工作，这种灵活性是专门的教师培训机构所不具有的。

在校本培训中，学校根据培训的内容和教师的需求，灵活地组织培训对象，或按任教学科或任教年级组合，或按研究专题或按参与某项任务组合，或按学校领导安排成教师的自由组合。在校本培训中，不同教学特色、教龄段、年龄段、教学资历的教师，可以灵活地组合在一起，有利于加强教师间的协作与交流，互帮互学互教；更有利于提高培训效益，形成一个能够在合作中自主学习的教师群体。通过丰富多样的培训形式，引导教师研究教学问题，创生实践智慧，提升教师的专业素质，激发教师的专业情感，促进教师的自我更新，不断提升教师专业发展的境界。我们可以把传统培训和校本培训的区别归纳（如表1所示）。

表1 传统培训与校本培训的区别[79]

	传统培训	校本培训
情境	脱离真实的教学情境	在真实的教学情境中
过程	学习与教学实践想分离	学习与教学实践相统一
主体	大学、科研、教研部门	校长教师合作
方式	传递—接受	反思探究
目的	教育行政部门决定	由学校与教师决定
内容	学科中心	问题中心

（二）校本培训的基本模式

校本培训立足于学校的实际，因而在培训模式的选择上应强调"校本"，要根据学校和教师的实际情况，采取灵活多样的培训模式，关注教师内生驱动力，改善教师教育教学行为方式，增进教师对课程、教材、教法的理解，为培育学生核心素养夯实基础。要鼓励教师自主选学，在培训课程内容、培训时间、培训途径、培训机构等方面，为教师提供个性化、多样化的选择机会，增强培训的吸引力和感染力。努力改进教师培训的教学组织方式，采取案例式、探究式、参与式、情景式、讨论式等多种方式开展培训。在校本培训模式的探索上，主要有以下方式。

1. 专题报告式

按照校本培训计划，根据学校教育、教学、发展需要，特别是新课程实施过程中出现的普遍的、共性的、突出的问题，发动全校教师参与讲座主题征集。选题主要是针对目前学校、教师、学生等不同层面有待解决的问题，围绕主题在全校招募讲座人员，也可外请专家来校讲学。学校也可以根据上级教育行政部门或教研部门的要求，针对当前学校出现的问题或是有待解决

---

[79] 熊焰. 校本培训：教师专业发展 [M]. 广州：广东高等教育出版社，2007: 44.

的问题，指定相关人员或部门负责人进行专题讲座。

要把教师自学与专题讲座有机结合起来，根据阶段特点让教师读一些有价值的报纸杂志或者观看一些光盘、视频。要引导教师关注教育热点，可通过因特网、校园网、校园学术沙龙、读书看报活动、各类交往活动等充分收集信息，整理筛选和交流发布信息，让教师及时了解掌握最新的教育教学信息，促使教师的教育教学理念与时俱进，关心关注时代发展的"热点""亮点"，保持教师和学校发展的先进性。

2. 临床诊断式

"临床诊断"是20世纪60—70年代美国哈佛教育家科根提出来的。"床"就是教室；"临床"就是深入教室中听课；"诊"就是提出、发现问题；"断"就是针对问题原因，提出改进意见。此种模式适用学校领导深入教学第一线了解教师教学情况，也适用于教师间互听互评。无论是领导了解情况，还是教师之间听课，都要进行评课，作出综合分析，重点分析出现的问题及原因，帮助讲课教师选择教学方法，提出改进意见。教学不仅是一门科学，也是一门艺术，教师不仅要掌握相关的教育教学知识和技能，还要具备应对处于不断变化中的课堂教学的实践智慧。

3. 以课领训式

以课领训是在教学实践的基础上，针对课堂教学中出现的问题，深入研究、改进、完善，形成比较稳定、可操作性强的教学范式。课堂是校本培训的主阵地，要立足于学校发展需求，针对教师专业发展不平衡现状，开展课堂教学研讨活动，将课标、教材、学生作为校本培训的核心内容，开展"同读课标，共说教材""同课共构，凝聚共识""同课异构，优势互补""异课同构，共建模式"等协作研修活动。领训者一般是校内有一定造诣及影响力的教师，以一个或多个不同学科为单位，在校内进行的集体性培训。课堂领训不仅以课堂教学为主要内容，更以课堂教学为切入口，聚焦课堂出现的微主题进行研究，这样的领训能将学校内优秀教师的教学研究成果，通过课堂方式呈现，转化为更多教师教学实践，引导和培养教师的科研意识和能力，有效解决课堂教学中出现的问题，实现教师专业发展。以课领训主要以"基于问题—走进课堂—提升理论—思维碰撞—实践提升"五个领域实现教师培训学习系统的良性循环，不断提升教师的课堂教育教学水平。

4. 案例研讨式

通过对具体教育教学情境的描述，引导教师对这些特殊情境进行研讨，在研讨中转变教学观念，改进教学方法。教育教学案例是对一个具体实际情境的描述，描述的是教学实践，展示的是教师、学生的典型行为，是对已发生的具体典型事件的再现和反思。随着新课程的深入实施，案例教学越来越显示它的重要价值。要求教师每学期撰写几篇案例，定期召开案例教学研讨会也是行之有效的校本教师培训方式。同伴互助是教师专业成长的有效方法，组织教师开展沙龙对话式的活动，探究一些教育教学中的热点和难点问题。变"一人讲、众人听"的纯集中讲座模式为教师参与分享的交流互动方式，使教师由被动接受者转变为主动的创造者，及时把有益的思想内化，使培训者与受训者建立起合作伙伴关系。

5. 反思总结式

教学反思是教师专业成长的必经之路。反思性教学实践是把教师自己作为研究对象，反省、思考、探索和解决自己的教学理念、教学行为以及教学效果等问题，从而不断更新教学观念，改善教学行为。结合教学工作实际，突出教师对课堂教学实际情境与自身教育经验所作的多视角、多层次的分析和反思，让教师立足于学校，立足于岗位，在自我学习的基础上，以自己的教育教学活动为思考对象，对自己所作出的决策以及由此产生的结果进行审视和分析，用教育科学研究方法，主动获取信息，提高解决教育教学实际问题的能力和提高自我反思的水平。

6. 课题驱动式

课题研究是教师专业成长的有效载体，行动研究是教师专业发展的基本途径。以课题研究的方式实施培训，目的在于提升教师教育教学的理论水平和教科研能力。从选题到制订研究方案、进行开题报告，再到行动研究、撰写研究报告、推广研究成果，每一个环节都需要教师去学习，去思考，去研究，而研究、思考、学习的过程就是教师不断提升自己教科研能力和业务素质的过程。同时，通过课题研究这个切入点，可以牵动教研、科研、培训、管理工作的开展，激活学校整体工作。

7. 学习共同体

学习共同体完成的是教师自我和相互之间的培训。教师在这个组织中共同研究遇到的问题、传递新的思想、激发新的思路，为校本课程的实施寻找新途径。利用学校优秀教师进行校本培训，营造教师团队传帮带的局面。由于本校教师非常熟悉学校的教育教学实践，通过平时的合作交流能够更好地了解同事的专业发展需求，因此，校长可以合理利用学校的优势资源，赋予学校优秀教师部分专业权力，让他们成为教师的领导者，这不仅能够增加他们的成就感，也能够鼓舞其他教师的士气。

很多中小学都把老教师与新教师的"一帮一""一带一"活动作为加速新教师成长的法宝。新教师从模仿老教师表层行为技能中揭示其深层理念，最终形成个性化的教学风格。师徒结对是最具有校本特色的促进教师专业发展的方式，指导的个性化与随时性、实践的反复性与可持续性，师徒代际之间的传承性与不可复制性。例如，对课程的精心打磨，是新教师成长中不可缺失的一个重要环节，他们要经历"备课—说课—上课—评课—反思"的过程，而且不断在这个过程中反复实践。许多老师教带徒弟的有效办法是持续进行师徒"互听—互评—互研"环节。师傅对徒弟的指导是基于具体场景的，是紧扣课堂实践的，是旨在解决教学中的问题。因此，这种基于实践的良性互动是校本培训的有效支点。

三、校本培训的实施策略

校本培训的产生使教师培训的理念和策略都有了很大的变化，特别是对教师任职学校在教师培训和发展中的地位、作用有了新的发现与认识，使中小学校从仅被视为学生学习与成长的地方转变为学生与教师共同学习、共同发展的场所，日趋成为提升教师专业素养、促进教师专业发展的主阵地。

（一）校本培训的操作步骤

加强校本培训的顶层设计，要根据学校发展规划或面临的问题，按照科学性和可操作性的要求，从师德建设、班级管理、课堂教学、教育科研、信息技术应用等方面制订培训计划，明确培训内容，并保持连续性、系列性。中小学校本培训要以实施好基础教育新课程为主要内容，以满足教师专业发展个性化需求为工作目标，引领教师专业成长。培训规划、项目设计、组织实施、质量监控等各个环节都要贯穿上述要求。根据新任教师岗前培训、在职教师提高培训和骨干教师高级研修等教师发展不同阶段的实际需求，开展针对性培训。校本培训主要包括调研确认需求、制订培训方案、具体实施培训、进行考核评价四个环节，把握好每个操作环节是校本培训取得实效的关键。[80]

1. 调研确认需求

校本培训的第一个环节就是建立教师培训需求调研分析制度，建立校长与教师共同确定培训项目的机制。要灵活利用问卷调查法、访谈法、课堂观察法等，了解参训教师面临的实际教学问题，设定差异化、层次化、科学化的校本培训目标，以发挥校本培训目标对校本培训活动的导向、定位和调节功能。确认培训需求的操作过程是：

---

[80] 周仁康. 走向智慧的校本管理 [M]. 北京：国家行政学院出版社，2013：174–176.

（1）通过座谈，向教师了解学习要求或建议。

（2）深入教育教学一线进行现场调研。对教师、管理者，甚至家长、学生等群体及学校教育教学活动进行全面调研。既可在教师真实的教育教学情境中，通过课堂观察、访谈调查等途径，发现、搜集、提炼、总结问题，形成校本教师培训的内容，也可开展书面调查或访谈来发现问题。

（3）研究书面文件，如教案、会议记录、教材、作业等。

（4）确定培训需求的顺序，选择培训方式方法。

（5）考虑在什么时段进行培训。

（6）考虑需要收集哪些资料、信息。

要在全面了解校本培训供给与需求关系的基础上，抓住校本培训供需均衡的关键特征，精准把握参训教师真实、合理、内在的培训需求，创造性地开发出满足教师培训需求的培训供给服务。

2. 制订培训方案

由于受教师年龄构成、教学水平及个性特征的制约，校本培训活动的开展既要考虑教师职业要求的整体性、时代性，又要考虑教师专业成长中的差异性、发展性。因此，学校在启动校本培训之前，首先要对已经确定的培训问题作进一步的细化、分类，不仅要突出学校共性问题的培训，也要充分考虑教师个性发展的需要，分层制订校本培训方案。培训方案的内容包括培训目的、培训内容、培训对象、培训形式、培训时间安排以及实施的保障措施。

要将校本培训的基本理念内化为成功实践，最关键的是如何制订一个操作性强的校本培训方案。一个成功的校本培训方案应该符合下列要求：第一，培训必须基于明确的教育理念，体现基础教育发展的新进展对教师的新要求。第二，培训方案应该体现鲜明的主题特性。第三，培训方案必须体现培训者与受训者的共同参与和积极工作。第四，培训中应体现教师学习、教师研究与实践活动相结合的特点。第五，方案中对培训所需的物质条件有明确的规定，包括学习资料、学习场所与设施等。第六，对方案的实施有监控—评估的要求。

3. 具体实施培训

校本培训实施是学校办学理念与特色建设在教师队伍建设上的具体化，校本培训应立足于学校发展所需，使校本培训与学校发展规划、学校特色建设紧密联系。校本培训的某一培训项目进入实施阶段后，培训者就要参与培训的全过程，对可能出现的问题进行预测，对已发现的偏差作出修正，并注意做好以下三个问题。

（1）明确相关职责。校长是校本培训第一责任人，主要是制定发展目标、选定培训策略、解决处理重大问题。校本培训必须建立管理实施的组织体系，分管业务的副校长、教导主任、教研组长要靠前指挥，明确职责，通力合作。

（2）抓住重点环节。一是精选培训内容，既要重视对本校培训资源的开发与利用，充分体现校本这一特点，但又必须认识到学校培训资源的局限性；二是不忘行动反思，这里的反思主要指行动后的反思，即回过头来思考解决问题的全过程，回顾所设计的行动方案是否能够有效地解决问题。反思，有的时候是受训者个体思考，有的时候是集体讨论，两者互为补充。反思一方面是对上一阶段的总结，另一方面是对下一轮培训的奠基。

（3）重视专业引领。校本培训无论采用何种方式，都离不开专业引领这一环节。专业引领起着点睛、领航、提升的作用，可以较好地弥补校本培训中因近亲繁殖而造成的低层次重复培训，或因地域闭塞和校际发展失衡而带来的培训信息的单一和缺损等弊端。专业引领的内容是丰富多彩的，有职业精神上的引领，有人格修养上的引领，有理论素养上的引领，有教育科研上的引领，有教学技能上的引领等。

4. 组织考核评价

校本培训要达到预期的效果，就必须建立和完善各项考核和评估制度，具体表现在以下几个方面。

（1）建立教师专业成长档案。加强过程管理，建立教师培训个人档案，认真记载教师参加校本培训的出勤情况。从学校、部门和教师三个层面上进行定期评价考核，登记培训的学时和学分。将教师的学习笔记、听课记录、课例或案例、课件、学习体会、经验总结、研究论文等文字材料作为校本培训检查、考核的重要依据。

（2）建立和完善校本培训的保障和激励机制。重视教师在培训过程中的表现和发展，尊重教师教学个性和教学风格，使教师能够及时对自己的教育教学行为进行自我评价与反思，不断提高自身水平。把培训的成绩，纳入对教师的表彰和奖励范围。在实行绩效管理量化考核的同时，要积极探索多元的评价方式，通过展示、交流、描述等"软性"评价，对教师的优秀表现进行肯定、赞赏、鼓励，以保护他们的积极性，引导全体教师不断提升专业素养。

教育是培养人、造就人、发展人的事业，以人为本是教育的基本价值，要把教育和人的幸福、人的自由、人的尊严、人的终极价值联系起来，教师作为职业主体的幸福感也应成为检验学校管理成效的一个重要标尺。

（二）校本培训的改进策略

当前校本培训主要存在针对性不强、方式单一、主题不明、效率偏低、教师主动参与积极性不高等突出问题，且找不准学校教育教学中实际存在、迫切需要通过培训解决的问题，即使找到了培训学习的方向，也没有扎实有效的实践策略，以及后续的跟进评价等，使得校本培训浮于表面，这些问题一直困扰着学校的发展。

1. 树立以教师发展为本的理念

校本培训的一个重要特征是需求导向，出发点是教师的需求，落脚点是教师的发展，教师是带着实践经验、现实问题和美好愿景的学习者，是培训学习的主体，校本培训关键是要调动参训者自主学习的积极性。以教师为本的培训理念就是要把教师放在培训活动的主体地位，重视发挥教师的主动性、选择性与创造性。发挥教师的主动性就是要激发教师的内在发展动力，变

"要我培训"为"我要培训",主动地确定发展目标,主动地选择培训内容,主动地参与培训,主动地完成各项任务,把培训活动作为自我发展的有效途径。发挥教师的选择性就是要让教师根据自身实际所需选择合适的目标、内容、方式。发挥教师的创造性就是让教师基于已有经验,在培训过程中生成新理念、新思路,创造性地解决教育教学问题,形成自己的教育理念。只有树立以教师发展为本的理念,充分发挥教师的主动性、选择性和创造性,才能开展起真正意义上的校本培训,才能增强培训效果,[81] 才能够调动教师专业发展的内驱力,才可以保证培训活动的活力和效果。

2. 健全完善校本培训的新机制

校本培训是一个系统工程,涉及组织制度、文化环境、教学管理等方方面面内容,学校要建立健全体制机制,建立教师专业发展支持体系,做好顶层设计。在组织建设上,要建立校本培训领导小组,明确小组成员责权,领导小组下设不同的工作小组,分工明确,落实到人。在制度建设上,建立包括校本培训组织管理、实施运行、督导检查、考核评价、激励奖励等一整套规章制度。在文化建设上,重视舆论宣传,构筑积极向上的校园环境,营造终身学习、人人提升的学习氛围。另外,要重视建立校本培训专家引领机制体制,采取内培外引的策略组建好专业团队,将优秀教师、有潜力引领学校校本培训的教师送去培训,系统掌握校本培训的理念、方法和技术。同时引进校本培训搞得好的地区的专家,指导本校教师校本培训的开展。要探索建立教师自主选学机制,建设菜单式、自主性、开放式的选学服务平台,为教师创造自主选择培训内容、时间、途径和机构的机会,依据教师学习的不同需要,设计不同的培训专题,经过必要性和可行性的论证,制定"菜单",教师可根据自身需要选定专题项目进行研修,按需施训,"菜单"所有内容均来自管理者的平时观察和对教师的调查问卷。[82] 建立培训学分认证制度,学时

---

[81] 刘敏,阳雪梅.农村中小学教师校本培训问题与策略 [J]. 继续教育研究,2020(1): 51–53.

[82] 朱乃楣.互动与共生:学校文化转型的机制研究 [M]. 北京:教育科学出版社,2014: 83.

学分合理转化，将培训学分作为教师资格定期注册、教师考核和职称聘任的必备条件，激发教师参训动力，激发教师参训积极性。

3. 培训内容贴近教育教学实际

遵循立德树人的根本要求，增强教师教书育人的责任感和使命感，搞好校本培训的前期调研，培训内容必须聚焦学校自身的问题，有针对性，培训内容要与参训教师的专业发展阶段、学科特征、面临的教学问题等相契合。要将提高教师教育教学技能作为培训的主要内容，以典型教学案例为载体，创设真实课堂教学环境，紧密结合学校教育教学一线实际，加大实践性课程比例，开展主题鲜明的技能培训。要将中小学教师专业标准、师德教育和信息技术作为通识课程，列入培训必修模块。要加强优质课程资源建设，重点建设典型案例和网络课程资源，积极开发微课程，促进资源共建共享。要精准把握不同教师专业发展阶段的特点，培训内容应根据教师成长与发展规律及不同阶段关注的焦点设置内容。因此，要根据不同发展阶段的教师存在的具体问题，设置多样化的课程资源库，提高课程的选择性，满足校本培训中每一位教师的发展需求。

4. 创新培训方式，提升参训实效

要针对教师学习特点，强化基于教学现场、走进真实课堂的培训环节，采用专题讲座、案例分享、小组研讨、现场观摩等学习形式，通过现场诊断和案例教学解决实际问题，采取跟岗培训和情境体验改进教学行为，利用行动研究和反思实践提升教育经验，改革传统讲授方式，强化互动参与，增强培训吸引力、感染力，确保培训实效。学校培训的组织者、管理者应学习了解更多的培训方式，并在培训中付诸实施，如同伴互助式，在教师间建立伙伴合作关系，共同研课、磨课，共同分享教育教学经验；专家导师式，由校内外、高校或中小学一线名师专家在教育教学理论、教学经验等方面提供专业引领；学科团队工作室式，以工作室为平台，形成学校专业发展的团队，以任务为驱动，推动工作室的建设和发展，从而实现团队内每个教师的专业

发展；反思提炼式，通过撰写教学后记、教学反思、研讨心得，提高教师教育教学能力和自我反思能力。要根据在培训中需要解决的问题，选择恰当的培训方式，不断提升校本培训实效。

5. 积极探索营造网络学习环境

要积极推进教师网络研修社区建设，推动教师网上和网下研修结合、虚拟学习和教学实践结合的混合学习；开展区域间教师网上协同研修，促进教师同行交流；培养网络研修骨干队伍，打造教师学习共同体，实现教师培训常态化。要推动网络研修与校本研修整合，推进高等学校、培训机构与中小学结对帮扶，引进优质培训资源，建立校本培训良性运行机制。丰富培训研修主题，通过集体备课、观课磨课、课题研究等方式，促进教研与培训有机结合，推动培训模式综合改革。建立灵活、开放、专业的培训公共服务平台，为教师提供多样化优质服务，促进培养、培训、研究、服务一体化。

四、校本培训的创新路径

要积极创新培训模式，让教师在学习中实践，在实践中提升，实现学习与运用相结合，网络研修与校本研修相结合。近年来，中小学校本培训的理念已深入人心，改进校本培训的探索与构想层出不穷，丰富的实践经验与研究成果不断涌现。

（一）"基于对话管理"的校本培训

上海某中学尝试构建一种"基于对话管理"的模式，以实现"绩效与人的幸福感相统一"的愿景，让教师和学校共同成长。[83]

"基于对话管理"的校本培训模式是针对"绩效管理导向"与"专业发

---

[83] 李百燕. 发展中的校本教师培训模式 [D]. 华东师范大学, 2012.

展导向"培训模式中出现的教师个体需求与组织目标间离、学校对教师的绩效要求与教师的幸福感之间的矛盾、管理者与管理对象之间关系的断裂等问题提出的。试图抓住"话语权"这一管理中最为关键的要素，也是最为核心的技术，来统整校本培训的各个要素，通过对话促进培训主体的觉醒、更新与自我实现，实现"人"的满足与"组织"的和谐，形成融合、统一、共赢的局面，实现校本培训实施策略和价值的超越性提升。学校管理者与管理对象本着对话理念，充分尊重对话方的主体地位和权力，积极营造开放、民主、平等、合作、共赢的对话氛围，在实施校本培训的过程中建立起教师与领导、学生、家长、专家、自己之间的多元对话机制，开展以对话为特征的各种形式的培训活动，并以多元价值观的"对话"作为一种评价方式，对教师的教学和研究进行交流、诊断、劝诫、鼓励、引导、改进与支持，促进教师的专业发展，促进学校的可持续发展。

实行对话管理首要的是管理者和被管理者角色的转变。管理者要改变管理就是"管人"的思想观念，改变"以权力为中心"的自我意识，改变自上而下发号施令的管理方式，代之以"管理就是促进合作""管理就是服务""管理要学会换位思考""管理就是对话"等管理思想和方法。管理者应该主动向被管理者授权，使他们在拥有权力的同时真正负起参与学校管理的责任。被管理者也要改变过去的被动执行的下属角色，主动参与管理对话，行使自己的话语权，以主人翁、合作伙伴的姿态主动承担起学校发展的责任，主动与其他主体合作，完成自己的使命。"基于对话管理"的校本培训在培训方案的制订、培训内容、活动设计、培训评价等方面都要实现教师与领导的对话，打破原来领导的"自说自话"，在对话中发现教师真实的、深层的需要，通过对话使教师成为培训的责任者与合作者，激发教师参与培训的积极性。

（1）与专家对话，实现由"高空喷洒"到"根部滴灌"的专业引领。专家要改变引领方式和引领作用，教师要走"近"专家，专家要走"进"教师，开展平等深入的对话，与专家共同研讨，共同切磋。专家与教师共历设计教学、实施、反思的全过程，与教师同甘共苦，这样的专业引领有助于教师的持续成长。

（2）与同侪对话，实现默会知识到显性知识的充分共享。教师与同侪对话是学校中最普遍也是对教师的成长影响最大的一种对话。相同或相近的工作的岗位、任务、环境，使得同侪之间有了更多对话的内容和机会，很容易引发共鸣。校本培训应创造更多正式的同侪对话的机会，促使教师之间相互支持、相互影响，共同成长。

（3）与学生对话，使教学从预设传授走向互动生成。"基于对话管理"的校本培训致力于推进对话教学，追求教学的人性化和创造性，通过提问与回答、交流与探讨、独白与倾听、欣赏与评价，在师生互动、生生互动中不断生成新的教学资源，编织精彩的课堂，释放师生的智慧，促进师生的精神成长。

（4）与自己对话，帮助教师更好地认识自我、认识世界。究其实质，教育是一种特殊的交往，交往中教师与学生的关系、与知识的关系无疑是重要的。然而，对这些关系起着制约作用的是教师与自己的关系。一个人不能很好地认识自己，就不能很好地认识世界。当前教育中发生的很多问题，多数源于教师对自我认知的缺乏。帕克帕尔默认为，认识学生和学科主要依赖于自我的认知，好的教学来源于教师的自身认同和自身完整。[84]"基于对话管理"的校本培训可通过案例研究、教师叙事研究、撰写教学反思等引导教师认识自己。

此外，学校还可以组织教师与领导、与家长、与理论书籍之间的多元对话。进入对话语境的教师，既是被培训的对象，也是一种培训的资源。学校要积极营造各种各样的对话情境，采取多样化的对话形式，鼓励教师在对话中实现自身的发展。

---

[84] 帕克·帕尔默.教学勇气——漫步教师心灵 [M].吴国珍，余巍，等译.上海：华东师范大学出版社，2005：13.

（二）互联网＋校本培训

随着现代信息技术和互联网的普及，移动互联网、大数据和云计算等一系列信息技术的发展给校本培训带来了新的发展机遇和挑战，信息技术正在成为影响教师专业发展的重要方式和手段，将现代信息技术和网络应用于校本培训，正在成为教师培训改革的重要方向和潮流，"互联网＋"正在引发教育的深刻变革，"互联网＋校本培训"应运而生。

随着我国"三通两平台"的全面实施，中小学的网络覆盖率已经很高。网络环境支持下校本培训模式，将传统的面对面培训与网络支持的在线培训相结合，使学习者、教育一线的践行者实现了真正意义上的混合学习，同时很好地解决了教师因外出培训所产生的工学矛盾。通过现代教育技术和手段，充分利用网络优质课程资源，整合学习与实践、在线与在场、个体与群体等元素，网络与线下双向结合，实现两者间优势互补，针对传统集中培训的弊端，将校本线下集中培训和制作系列线上培训微课相结合，通过微课将学习内容分割成精简小块，方便教师通过智能手机、平板电脑等移动终端设备进行碎片化的学习。通过线下调研，可充分了解各类教师教学需求，设计出契合本校实际的校本培训方案，规划出具体培训内容细则。通过网络培训模式，例如以"全国中小学教师继续教育网"为基础培训平台，合理利用其平台下的优秀师资、专家讲座、优秀课例、培训材料、国培项目等，接受科学系统的培训。再辅以建立"微信群""QQ 群"等构建教师网络交流平台，给教师一个自主学习空间，有利于教师方便快捷完成培训、高效互动并及时应用。组织者严格管理教师评价，可建立线上、线下双重教师培训评价机制，促进教师网络与线下培训有效开展。推广翻转课堂、混合式教学等新型模式，形成线上教学与线下教学有机结合、深度融通的自主、合作、探究学习模式。

信息技术的发展为及时、准确的引导带来了创新与突破，移动听评课就是很好的创新引导方式。移动听评课是在"互联网＋"时代，运用移动设备以及各种网络社区来开展网络协同教研，促进教师专业化发展的创新组织形式。与传统听评课相比，它避免了形式单一、效率低下的问题；对于群体关注的课堂问题能够高效、精准地聚焦和萃取；方便评价信息的及时保存和进一步挖掘、跟踪，有助于推动教师个性化的专业成长。利用物联网、传感器等技术，教师在课堂上的行为、表情、语言等各种生物信息都会及时呈现在移动听评课系统上，学校其他老师可以随时随地登录系统听课和评课，并对细节特征给出真实的评价。授课教师能对照教学录像查看所有评价，改进教学行为。移动听评课系统还能归类汇总授课教师的突出问题，从而进行有针对性的资源推送，引导教师进一步学习。[85]

为突破学校层面优质研修资源匮乏、有效管理工具缺乏等困境，省市教研部门应组织联合教育信息化专家、课程专家、一线优秀教师、企业家等跨界力量研发校本研修专业支持系统，集成建设教师智能研修平台，涵盖听课评课、课程学习、阅读沙龙、基于任务的学习等研修方式，内嵌研修数据分析、研修管理、教师档案、诊断评价等多个核心功能，实现立足学校层面、基于学校发展愿景、数据驱动的教师专业学习，形成基于研修平台的"大数据＋科学诊断""分层＋按需研修""个性定制＋碎片化利用"学校研修策略：借助诊断工具和实证数据，引导教师学会自我诊断和相互问诊，以此确立校本研修主题；依据教师各年龄梯队的专业成熟度而分层按需实施研修；通过落实以问题为导向、任务驱动的策略途径，强化问题诊断并将其与教师常态研修行为习惯相融合，借助移动互联技术的数据支撑，校本研修专业支持系统能够融合听评课、专业阅读等多种研修方式，有效破解当前校本研修内容、模式、管理等方面的若干瓶颈问题，最大程度地以个性、灵活、精准、优质的样态支持校本研修的多维立体开展。[86]

[85] 闫寒冰, 苗冬玲, 单俊豪, 等. "互联网＋"时代教师信息技术能力培训的方向与路径 [J]. 中国远程教育, 2019(01): 01-08.

[86] 李树培, 魏非. 中小学校本研修的问题、缘由与路径 [J]. 教师教育研究, 2019(02): 37-41.

互联网助力专家引领，促进学习共同体深度交互。网络校本研修摆脱了传统研修模式中时间、地点和组织方式的束缚，为专家引领提供了便利。专家可以利用碎片化时间，通过手机、iPad 等工具直接登录网络平台，与研修者一对多、多对一、多对多地交流互动，点评研修者提交的教案、学案、课件等教学资源，这将促进研修者与专家的深度交互。研修者之间的交流互动、协同备课、案例点评、作业资源等也完全展示在专家面前，专家可以适时地给予指导、点评、鼓励，指导的广度与深度大幅度提升，激发学习共同体成员之间交流的热情，思维碰撞、智慧升华时有发生。[87]

基于网络实时进行的培训模式，可以涵盖所有现实培训模式，包括观摩听课、工作坊、专题报告、讲座、分享交流等，而且从根本上改变教师培训所沿用的单向交流模式，使得培训方式方法更加灵活，不仅有效解决了工学矛盾，缓解了人力、财力、培训资源、培训信息量不足等问题，还满足了教师个人专业发展和教科研工作需要，大大提升了培训效果和效能。

（三）校本研修：研训一体化校本培训

校本研修是一种把教师培训、教育科研和教学研究融为一体的校本培训模式，其核心是学校将"教学、科研、培训"一体化，"研训"互补，使教研活动师训化，促进教师管理规范化，使教学岗位变成进修的实习园地，教师的工作变成活的培训内容，最终达到提升教师教学水平和科研能力的目的。

要建立和完善校本研修制度，加强校本研修的指导和管理，促进校本研修与教研活动相结合，远程教育与校本研修相结合，理论学习与教学实践相结合，提高校本研修的质量和水平。针对教育教学中的真实问题，采取精准化的"翻转式研修""体验式研修""课例式研修""论坛式研修"等方式，使教师自主组合成主题聚焦的合作研修小组。通过加强这种"自组织"性质的

---

[87] 谢亭，黄卫荣. 当校本研修遇上"互联网 +"[J]. 人民教育，2019(11)：61−64.

研修文化建设，推动教师专业自主发展，实现从"校本培训"到"校本研修"的转变。以解决教师在教育教学中的实际问题为中心，以研修主题化、项目特色化为基本点，由专家和校长依据本校实际，将有价值的问题转化为校本研修的主题，采取"任务驱动，项目引领"的方式，学校自主规划、组织、考核、管理，充分激发教师积极性，拓展、深化研修成果，形成自己的特色。[88]

在校本研修的过程中，要提倡平等、自由讨论和紧密合作的学术氛围，平等开放的对话，合作探究的精神。颇具学术性的研究，同享智慧成果、共获发展的目标，更能为教师接受和欢迎。要更加关注教师在教育教学过程中的生命状态，注重对教师生存方式和人生价值的引导，注重对教师主动性创造性的培养和激发，通过丰富多彩、富有创意的研修形式，使教师的教育教学实践始终处在不断钻研、不断探索的状态之中。通过研修促进教师形成在研究状态中学习、工作的习惯，让教师享受到职业的幸福。

要坚持分层实施的策略，从研修对象、研修内容、研修方式等方面根据教师需求"量身定做"，制订有针对性、实效性、操作性的工作方案。要依照分类提高的办法，根据教师的学历、教龄、教学经验、发展水平、学习能力、教学表现等情况，按专业成熟度划分成新任教师、合格教师、骨干教师、领航教师的梯次，然后基于每个层次教师发展潜力和发展需求，设置不同的发展方向，制定不同的培养内容，采用不同的培训方式和方法，从而使得每位教师学有方向、学有目标。

对于新任教师，进行"入格"培养，在规范培训中缩短"磨合期"，培训重点放在锤炼技能、规范教学上，抓好课堂教学常规，在备课、上课、听课、评课等方面进行专题讲座并进行跟踪性指导，实行师徒结对的"青蓝工程"，签订"师徒结对协议书"，帮助他们尽快掌握各个教学环节的基本要求，尽快

---

[88] 易继林，戴长志，罗本志. 农村中小学校本研修模式创新的实践探索 [J]. 教育科学论坛，2019(09): 60-62.

成为一名合格的教师。对于熟练教师，进行"升格"培养，研修重点放在发展能力、有效教学上，主要目标是引导教师反思教育教学行为，学会用先进教育理念指导自己的教学，促使他们的教学活动从经验走向理性，实现学科内容与教育科学整合，走向有效教学阶段，成长为教学能手。对于骨干教师，进行"风格"培养，研修重点在于研究专长、打磨特色上，目标是发展他们的教学专长，引导他们形成教学特色，向研究型教师行列迈进。对于领航教师，培训重点在凝练主张、形成风格上，主要目标是通过强化理论学习，专家指导，帮助和引领他们提炼教学风格，形成自己的教学思想，构建具有创新意义和实践推广价值的个性化教学理念体系和实践体系，使其中的优秀者成长为教育专家[89]（见表2）。

表2 中小学教师分层研修一览表

教师教龄	研修目标	研修重点	研修内容	应对策略	评价指标
新任教师 1—3 年	合格教师	教学规范 教学技能	职业道德规范 课标教材解读 课堂组织管理	观摩学习 导师带导 技能训练	规范性科学性
熟练教师 4—5 年	教学能手	教学理论 教学能力	教学理念更新 专业技能优化 专题研修总结	现场诊断 案例研究 经验交流	有效性流畅性
骨干教师 6—15 年	研究型 教师	教学研究 教学特色	促成二次成长 教学特色打磨 教育科研创新	行动研究 合作学习 观摩学习	特色性灵活性
领航教师 15 年以上	专家型 教师	教学主张 教学风格	研修经典理论 教育改革创新 教学风格提炼	课题研究 理论研修 导师指导	创新性艺术性

教师的学习动力来自真实问题的解决和现实需求的满足，要坚持"问题

[89] 杨居军. 校本教研视域下的小学教师发展策略 [J]. 课程教学研究, 2020(4): 54—61.

即课题、教学即研究、解决即成果"的思路，紧扣教学实际，解决实际问题，切实转变教师观念，把教师的专业学习场所更加明确地聚焦到课堂教学现场，只有在真实生活故事的叙述中，教师才能正确地审视自己，并在自我反思中对自己的行为获得一种解释，使教师变得自律，对自己的工作和生活负责。要关注教师的成长路径，帮助其在教学的真实情境和问题解决的真实经历中获得感性和理性认识，追求研修实效，使校本研修成为助推教师成长的"助推器"。

校本研修以教师专业化发展为目标，着力构建学习、教学和研究三位一体的教师成长机制，建立学习型学校，培育学校的学习共同体，关注教师的情感与体验，将理论和实践结合，强调知行合一，让教师的培训学习成为连续的、动态的、纵贯教师职业生涯的校本活动，促进教研、科研与培训有机结合，发挥校本研修基础作用，以此来提升教师培训的效率。从"教研"到"研训"（研究+培训）再到"研修"，从"有形"的教研制度到"无痕"的研修文化，正是一个让专业人员从被动受训到主动发展的过程，一个将专业自主从唤醒到提升的过程，也是一个将组织变革渐渐融入组织文化的过程，让研修成为教师工作的常态，成为教师职业生命的方式。

未来校本研修的模式将从关注群体化学习转向关注个性化指导，从关注知识技能获得转向关注教学行为变化，从关注短期培训效果转向关注实际工作绩效，从关注教师个体发展转向关注学校整体发展。将通过多种混合式培训手段来提升培训迁移效果，借助大数据和人工智能来精准设计有针对性的培训内容，创设基于教育现场的培训来搭建理论与实践转化的桥梁，利用信息化平台开展常态化跟踪指导来促进教学转化。[90]

---

[90] 朱伶俐，陈鹏."国培计划"培训模式综述 [J]. 继续教育研究，2020(6)：14-20.

结语：走向未来

　　2020 年，一场突如其来的新冠肺炎疫情，给常态的学校管理和教育教学带来了前所未有的挑战，持续了 400 多年的班级授课制受到冲击，基于在线教学的、开放的、多元互动的学习形式逐步被教师、学生、家长、社会所接受。抗疫背景下的在线教学，让学生中心、学习中心成为被凸显的教学逻辑起点，人们重新思考学校教育的存在形态，重构教育关系新生态，也带来了人们对未来学校组织形式和教学范式的憧憬。教育的终极目标就是培养学生的终身学习能力和热爱学习的动力情感，学校教育不仅要关注知识目标，更要关注学生的能力发展、情感发展、品格发展，关注学生核心素养的培养。疫情期间的居家学习，让我们体会到了良好的亲子关系、家校关系和社区关系对孩子成长的重要性，未来教育要加强学校教育和家庭教育的融通性，把抗疫期间的家校交流机制常态化，形成相互理解、互相尊重、互相支持、相互衔接的家校社共建、共享、共育机制，建设家校社协同育人的教育共同体，形成良好的教育公共关系和教育生态，推动教育事业健康发展。

　　当今世界，百年未有之大变局正进入加速演变期，世界多极化、经济全球化、文化多样化、社会信息化深入发展，新一轮科技革命和产业变革蓄势待发，大数据、云技术、物联网、区块链、人工智能等现代技术，引发经济社会各领域"数字蝶变"，深刻改变着人类的生活、生产、思维、教育形态和学习方式，传统的教育组织模式、教师角色、教育伦理等都在不断解构和重构，未来社会对人才培养、学校变革等提出新的要求，国际竞争日趋激烈，人才培养与争夺成为焦点。教育的基础性、先导性、全局性地位作用更加突出，优先发展教育，建设学习型社会，培养大批创新人才，已成为应对诸多复杂挑战、实现经济和社会协调发展的关键。以数字化、智能化、融合化和终身化为特征的教育革命正在到来，重新设计学校以应对未来挑战，已成为世界各国或地区推进教育发展的重要举措，以学习者为中心，注重能力培养，促进人的全面发展，全民学习、终身学习、个性化学习的理念日益深入人心，教育模式、形态、内容和学习方式正在发生深刻变革，教育治理也呈现出多方合作、广泛参与的特点。

一、用现代信息技术引领学校创新发展

抗疫期间在线教育的便捷性、开放性，为后疫情时代教与学方式的变革提供了丰富的实践经验。教与学的翻转融合、线上与线下的混合、规范与灵活的结合、整体与个性的分合，将成为后疫情时代的常态教学方式和特征。在线教学考验着教师的信息化素养，更考验着学生的自我管理能力，尤其是学生的自主学习能力。

随着"互联网＋教育"时代的来临，新技术将重塑教育生态，新范式将引领学习革命，新需求将激发创新能力，新治理将鼓励多元协同，信息技术将为师生的教与学带来积极而强大的赋能作用，通过教育信息化实现教育现代化，实现信息技术与教学的双向融合已成为教育创新的新形势，探索信息技术与教育深度融合，是未来学校建设的重要理念之一，是教育强国建设的重要支撑力量。利用信息化手段促进学校教育的结构性变革，利用大数据技术提供精准管理服务，构建泛在、智慧的学校环境，推动空间、课程与技术的融合创新，虚拟现实将超越传统面对面的授课方式，可以超越班级授课的形式，延伸教学场所微课、慕课、翻转课堂、混合式教学模式、教育资源云服务等信息化教学技术，这将引领以自主、合作、探究为主要特征的教学方式变革，信息化教学的实现，也给教师提供了更大空间的资源共享平台，使

教育变得更加公平、包容、开放和个性化。现代信息技术将引领教育理念和教育模式创新，发挥在教育改革和发展中的支撑与引领作用，将全面提升教育质量和人才培养体系，也将加速开启新的教育时代。未来关注的不仅是单纯的教育信息化，而是在新技术支持下学校的系统性变革，人工智能将在维护校园安全、辅助教师教学、变革学习范式以及优化学校管理等方面得到广泛应用，学校管理将更加智能化，教育组织形式和管理模式将出现新形态，学习场景会相互融通，学习方式将灵活多元，个性化的学习支持体系将更加有力，将会为学生的个性发展提供更适切的教育。

二、从校本管理走向现代校本治理

校本管理是以学校为主体的管理，是一种以权力下放为中心的学校管理思想和模式，倡导立足学校、以人为本、多元参与、共同决策的理念，强调学校发展的自主性、多元化，涵盖了学校管理工作的各个维度，是对传统学校管理模式的一种变革。校本治理是对校本管理的继承和超越，管理是从上而下、一元单向的，而治理强调多元利益主体围绕共同目标协商、协调与互动，呈现出一种新型的民主形态。

校本治理强调多元参与、法治精神，以自治、共治求"善治"，直接目标是"好治理"，最终目标是"好教育"，治理主体之间是相互协作的关系，而不是管理与被管理、控制与被控制的关系。校本治理是民主、参与、共享、责任和法治等诸多理念的综合体现，需要政府、学校、社会和家庭等多元主体充分发挥作用，是资源分配、规范体系建设和能力建设等各项任务的同步协调。从单一管理走向多元共治，要求建立多元参与的协同治理新机制，进行从人治走向法治、从封闭走向开放、从控制走向协调、从约束走向自主的理论与实践创新。

三、构建多元参与的校本治理体系

现代学校变革不仅体现为制度创新，更为实质的是一种治理方式的转换，一种权力关系的重构，关键是构建新型的政府、学校和社会之间的关系，用法律形式确定政府、学校权责边界，处理好政府办学主体责任和学校办学主体地位之间的关系，建立系统完备、科学规范、运行有效的制度体系，建设依法办学、自主管理、民主监督、社会参与的现代学校制度。必须全面落实中小学办学主体地位，激活学校教育教学细胞，保证学校课程教育教学自主权，扩大学校人事工作自主权，落实学校经费使用自主权，充分激发释放学校办学活力，增强学校办学的内生动力。

完善宏观管理体制，建设高质量的基础教育体系。现代学校治理要走国家宏观掌控、学校自主办学、社会各界参与的道路，在中央统一领导下，强化省级统筹责任，加强地市协调责任，突出县级主体责任，完善基础教育管理体制。这样既确保国家和地方教育目标的达成，又给学校一定的改革空间，也会调动各界对参与学校治理的积极性。政府只能办教育，不能办学校，要避免越位、错位和缺位，树立以学校发展需求为导向的工作机制，主动为学校服务，为激发办学活力提供强有力的条件保障，改变直接管理学校的单一方式，不再套用行政思维对待学校、管理校长，实施清单管理，明确党委政府和教育主管部门对学校的管理事项，综合运用立法、拨款、规划、标准、规则、信息服务、政策指导和必要的行政措施，减少不必要的行政干预。对学校落实国家课程方案和课程标准、健全学校重大决策制度、加强师德师风建设、规范办学行为等方面的工作，要加强督导落实，强化监督管理，保障学校正确办学方向。要更多采取事中事后监管方式，针对不同学段、不同规模学校的实际情况，依据学校办学水平和管理能力，注重加强分类管理，实施精准定向赋权，构建差异化的监管方式，实现让学校大胆办学、规范办学、科学办学。

完善内部治理结构，进一步提高学校整体治理能力。政府及教育行政部门将权力下放后，学校要接得住、用得好，必须建立健全以学校章程为核心的制度体系，增强自主管理、自我约束能力，坚持科学决策、民主决策、依法决策，构建系统完备、科学规范、运行有效的制度体系，从而形成多元共治、平等协商、合作共赢的内部治理格局，形成以"一章程一核心一制四会"[91]为主体的现代学校治理结构，进一步焕发学校治理活力。从政校关系的角度看，学校的主要角色变化是走向"自主""自治"，要成为真正的办学和治理主体，必须完善学校法人治理结构，规范内部治理，不断提高教育教学质量。从学校与教师、学生、家长、社区等利益主体的关系角度看，是学校与其他利益主体一起对学校进行"共治"，要逐步提升其参与教育决策、监管、评价等方面的作用，提高整体治理能力。要健全决策机制，加强党对中小学工作的全面领导，加强对重大事项、重要问题的政治把关，学校发展规划、重要改革、安全稳定等重大事项和涉及师生切身利益的重要问题，由学校党政领导班子集体研究决定。要充分发挥教职工代表大会的作用，对学校重要工作进行审议，提出意见建议，进行民主监督。学校要建立家长委员会，配合学校做好教育教学工作，完善家校协同育人机制。通过学校内部治理机制的完善，进一步提高中小学科学管理水平，实现学校的持续发展、特色发展，以质量、特色和活力赢得肯定与尊重。

完善社会监督体系，形成依法参与的治理新格局。外部治理体系包括家校合作、社会与学校的合作、管办评分离等，集中体现社会参与。民主参与是校本治理的最大特点，现代学校与社会联系日益紧密，家长和社区不仅是学校教育的接受者，而且是负责学校事务的合作伙伴，教育改革需要社会、学校和家庭的相互配合，需要吸引、鼓励社区人士、家长及学生参与学校事

---

[91] "一章程一核心一制四会"指学校章程、学校党组织领导核心作用和学校党组织领导的校长负责制、校务委员会、教职工代表大会、学术委员会、家长委员会等。

务的管理，多方的民主参与能够保证学校作出比较民主、质量较高的决策。学校还要充分利用社区资源，构建家庭、社会和学校协同的教育场，多方发掘、联动合作，开展丰富多彩、文明健康的教育活动，营造有利于学生健康成长的社区环境。同时向社区开放，接受社区的关注、支持和监督，要建立健全学校办学信息公开制度，重点公开课程设置、教学安排、招生入学、收费项目及标准等信息，保证学生家长及社会公众对学校重要事项的知情权。建立学校与社区沟通联系制度，及时听取社区和"两代表一委员"等方面人士对学校工作的意见建议，为有效发挥家校社育人合力、营造全方位的育人场域打下坚实的基础。要推进专业评价，鼓励专门机构和社会中介机构进行评估，形成由政府、学校、家长及社会各方面参与的多元教育质量评价体系。这些改革必将释放出学校的巨大活力。

学校要在完善治理体系、优化育人方式、落实核心素养培养、提升教师队伍素质等关键环节发力，通过推进学校治理体系和治理能力现代化，达到校长治校理念先进、教师工作积极性高涨、学生人格发展健全、学校动能活力充沛、学校文化生态良好的治理境界，努力形成学校依法自主办学、学生全面而有个性地发展、教师人人尽展其才的学校治理新格局，实现新时代学校教育高质量发展。

四、校长是提高治理效能的关键因素

构建中国特色的现代基础教育体系，不断引领中国教育走向未来，需要一大批有思想、有情怀、有担当、有追求的校长。校长是一所学校的灵魂和旗帜，是学校外部治理环境和学校内部治理体系的重要接点，要努力造就一支政治过硬、品德高尚、业务精湛、治校有方的高素质专业化校长队伍，不断提升校长的领导力。

校长领导力是在实现学校共同愿景的过程中影响其追随者的能力，是在激励引领师生实现学校发展目标、推进学校发展过程中表现出的一种综合能力。校本治理对校长提出了新的挑战和更高的要求，校长领导力既是学校治理状况的具体体现，也影响着学校治理体系的构建和运转，如何凝聚教师、学生、家长、社区等各方面的力量，共同推动学校发展是校长必须解决的重要问题，也是实现校本治理的关键。校长是履行学校领导与管理工作职责的专业人员，以教育者的身份定位学校的办学理念及核心价值，以领导者的身份制定学校的共同愿景和发展规划，以管理者的身份投入到学校的教育教学工作之中。在我国中小学校长专业标准的六项职责中，"规划学校发展、营造育人文化"——体现校长对学校的价值领导，既坚持正确的办学方同，也为学校特色发展预留空间，是校长专业职责的灵魂；"领导课程教学、引领教师成长"——体现了校长对学校课程教学工作的领导，这也是提高教育质量和学校竞争力的关键所在；"优化内部管理、调适外部环境"——体现了校长对学校组织管理工作的领导，是提升学校办学水平的管理保障，我们分别将其归纳为校长的价值领导力、课程教学领导力、组织领导力。同时，将能够改善以上六方面所需的时代视角和创新精神归纳为校长的变革创新领导力。

校长的价值领导力是校长从学校的育人使命出发，有意识地运用人类基本价值和社会主流价值，去规范引导和整合学校成员的个体价值观念，以激活教职工内在愿望与潜能、提升育人效果、实现组织目标和共同愿景的能力。校长必须具有广阔的价值视野，清晰地规划学校未来发展的蓝图，高瞻远瞩地确定学校变革发展的方向，坚持立德树人的素质教育价值取向，从教育的本质出发，对学校精神进行阐释，对办学理念进行提炼，对办学过程进行引导，从而在实现学校的价值追求中发挥示范和领导作用。

校长的课程教学领导力是校长领导课程教学设计、指导课程教学实施、开发课程教学资源、引领课程教学创新的能力。校长要努力创造丰富的可供学生自主选择的课程，构建科学完善的学校课程体系，保证学生知识体系的科学性、完整性与先进性。要经常深入教学一线，把自己的办学理念传递给教师，不断提升教学指导水平，通过加强课程教学领导，不断提高教学质量，促进教师专业发展，改善学生学习效果，促进学生健康成长，在教改教研中提升校长课程教学领导力。

校长的组织领导力是为了完成学校的目标任务所需要的影响力。校长要充分关心激励每一个人，注重领导团队、教师团队的建设，建立扁平、授权、开放、支持的组织结构，建设合作、信任、对话、协商的组织文化，逐步把学校建成道德的共同体、学习的共同体和关怀的共同体，给想干事的人以机会，给能干事的人以平台，给干成事的人以荣誉，给不干事的人以压力，为教职员工创造充分发挥能力的合作机制和和谐氛围。

唯改革者进，唯创新者强，唯改革创新者胜，改革创新是时代发展的不竭动力，更是教育发展的时代主题。校长的变革创新领导力是校长带领学校适应教育环境变化，发挥学校组织优势，探寻特色发展道路，引领学校教育创新发展的能力。教育模式、形态、内容和学习方式正在发生深刻变革，校长不仅需要完成基本的管理工作，还需要时刻保持对教育前沿的追踪，与时俱进积极引领学校的变革。适应学校作为知识密集型组织的特点，积极采用分布式领导方式，构建扁平化组织结构，充分发挥整个领导层以及利益相关者的聪明才智，发挥民主参与的智慧与力量，共同实现学校的发展目标。

校长要坚持价值领导，强化课程教学领导，优化组织领导，引领学校变革创新，从而不断推进校本治理现代化，让学校充满生命的激情，洋溢着改革创新的活力，展现出独具特色的精彩。

五、加强校本文化的规范引领作用

校本文化是引领学校发展的灵魂，是一所学校赖以生存的根基和血脉，是学校的凝聚力、创造力和生命力的集中体现，是学校软实力的重要指标。它反映的是学校优良的办学传统，体现的是管理者先进的办学理念，折射的是师生共同的价值追求，是师生精神家园的核心，是一所学校无处不在的"精、气、神"。

学校文化建设是一项立体交叉的系统工程，物质文化为行为文化提供物质基础，精神文化为行为文化提供思想动力，制度文化为行为文化提供制度保障，而精神文化、物质文化、制度文化最终通过行为文化直接、鲜活地表现出来。校本物质文化是向学生渗透教育影响的"隐性课程"，在为教育提供保障的同时，也对师生起到潜移默化的熏陶作用，影响着学校教育质量的提升，是学校办学理念的物化表现，是校本文化的外在表现和标志。校本制度文化主要通过直接的制度约束以及体现在制度中的观念意识、行为准则等对师生产生影响，对于规范学校办学行为、教师教学行为、学生学习行为发挥着重要作用。校本精神文化是校本文化的核心内容和灵魂所在，是在学校内占主导地位的思想观念、价值取向、思维方式、行为方式、道德情感、集体舆论等的浓缩，还包括体现学校特色和精神的优良传统、校训校风、教风学风、人文精神和科学精神等，是校本文化最高层次的体现，是一所学校本质、个性、精神面貌的集中反映。

大力构建积极向上、奋发有为、团结和谐、富有特色的校本文化，用教育公益性和公平性促进社会和谐，通过校本文化的浸润，让学生形成积极的人生态度、良好的个性素质，为和谐发展奠定基础。让校本文化成为师生共同的价值守望，让共同的追求既来源于实践，又根植于师生的心中，以多样化的校本文化建设使学校焕发勃勃生机。

六、校本课程为个性发展提供平台

校本课程的开发不仅丰富了学校课程，彰显了学校办学特色，还为教师的专业发展提供了可能性，更加突出了课程对学校的适切性和学生对课程的选择性，为学生的个性发展提供了平台。

为每一位学生提供与之相适应的教育，使每一个学生都能够享受适合的课程，是衡量学校教育质量和办学成效的重要指标。当前基础教育改革已经从以学科为中心转向以学生学习为中心，从知识技能获得转向核心素养发展，从信息工具使用转向教与学方式变革。要依据核心素养优化顶层设计，使课程、实施与评价指向同一素养框架。核心素养的培养发展需要一种综合的，甚至是跨界的整合形态，一要以学生为中心进行课程整合，以学生现有的知识水平为课程的教学起点，根据学生的知识起点去融通课程内容，连接学生的学习经验和课程，让学生在真实的教学情境中进行学习和运用知识。二要以问题和学习主题为导向进行课程整合，整合形式不必考虑学科界限，而是引导学生去发现问题和找到研究的主题。三是以学科的融合方式进行课程整合，跨学科的整合是校本课程发展的必经之路，学科课程整合是从学科的广度和深度出发去实现的，这是课程的一种创造和重塑，是在原有课程基础上进行优化和升级。

校长是学校课程建设的第一责任人，要围绕学校的发展目标和办学定位，构建新的课程理念，引导教师积极地进行课程开发和建设，不断提升课程规划能力，重视课程的实践性、多样性和选择性，促进国家课程校本化、地方课程综合化、校本课程特色化，更好地满足学生的需求，促进学生全面而有个性的成长，促进学校多样而有特色的发展。

七、强化校本教研的支撑驱动作用

校本教研是为了改进学校的教育教学实践，将研究的重心下移到学校，依托学校自身的资源优势、办学特色进行的教育教学研究，它以学校为研究基地，以学校中的实际问题为研究对象，把研究成果直接应用于解决教学实践问题。

教师个人的自我反思、教师集体的同伴互助、教育专家的专业引领是有效开展校本教研和促进教师专业发展的三种力量。自我反思是校本教研的基础，同伴互助是校本教研的核心，专业引领是校本教研的保障，三者既相互独立，又相互联系，为教研主体构建了一个横向交流和纵向引领的内在互动机制。教师在自我反思中获得成长，在同伴互助中取得进步，在专业引领中实现提高。

坚持问题导向，教师以研究者的眼光反思、分析自己的工作，用研究的态度来审视学生、审视课程、研究课堂，使教师找到工作本身的乐趣，获得工作的成就感和满足感。要优化校本教研的组织结构，把学校建设成学习型、研究型和发展型组织；建立和完善以专题研究为手段、以提高教师课堂教学有效性为目标的校本教研制度，促进教师自主科研意识的觉醒；要树立正确的教研主体观念，本着"问题即课题，教学即研究，成长即成果"的原则，以研究者的视角反思自身日常的教育教学情境，改善自己的教学实践；要革新校本教研的活动形式，充分利用信息技术搭建网络教研平台，以课题研究为核心、以课例研究为载体、以常规研究为基础，不断创新教研活动的形式，激活教师参与校本教研的热情；要构建教师校本教研共同体，创建分享、互助的文化氛围，以共同愿景为纽带，以共享信念为基础，以协商文化为背景，开展同课异构、探讨翻转课堂、进行网络教研，养成在工作中研究、在研究中工作的良好习惯，让研究成为一种工作常态。

八、突出校本培训的质量保障作用

随着新一轮的基础教育课程改革的展开，传统教育面临巨大挑战，从教育理念到教学方法、评价方式、课程实施都需要教师作出巨大的改变，而这些改变需要教师通过学习培训来实现，重新学习已成为每个教师的首要任务。因此，就构建校本治理制度而言，学校应积极把学校建设成"学习型组织"，通过团体学习、校本培训来促进教师专业发展，以促进教师"教学—学习—

研究"统一为原则，满足学校发展和教师专业发展的需要，让学校、教师、学生与新课程共同成长。

树立以教师发展为本的培训理念，重视发挥教师的主动性、选择性与创造性。以需求为导向，健全完善校本培训的新机制，在教师间建立伙伴合作关系，共同研课、磨课，共同分享教育教学经验和成功。要针对教师学习特点，强化基于教学现场、走进真实课堂的培训环节，采用专题讲座、案例分享、小组研讨、现场观摩等学习形式，通过现场诊断和案例教学解决实际问题，采取跟岗培训和情境体验改进教学行为，利用行动研究和反思实践提升教育经验，确保培训实效。通过撰写教学后记、教学反思、研讨心得，提高教师教育教学能力和自我反思能力，要充分发挥教师之间"传、帮、带"的作用，形成"合作共享、和谐共进"的研修文化氛围。要积极推进教师网络研修社区建设，推动教师校本线下集中培训和线上微课培训相结合，虚拟学习和教学实践相结合，网络研修与校本研修相整合，充分利用网络优质课程资源，整合学习与实践、在线与在场、个体与群体等元素，建立校本培训良性运行机制，建立灵活、开放、专业的培训公共服务平台，为教师提供多样化优质服务，促进培养、培训、研究、服务一体化。

未来校本研修的模式将从关注群体化学习转向关注个性化指导，从关注知识技能获得转向关注教学行为变化，从关注短期培训效果转向关注实际工作绩效，从关注教师个体发展转向关注学校整体发展。将通过多种混合式培训手段来提升培训迁移效果，借助大数据和人工智能来精准设计有针对性的培训内容，创设基于教育现场的培训，搭建理论与实践转化的桥梁，推动教师专业自主发展，实现从"校本培训"到"校本研修"的转变，使校本研修成为教师成长的"助推器"，成为教师工作的常态，成为教师职业生命的方式。

九、强化校本评价的导向激励作用

在校本治理理念的指引下，评价也必然走向"校本"。本书虽然没有辟专章论述校本评价，但有关发挥评价主体的能动性、搭建共同参与的评价平台、倡导发展性评价、发挥评价的诊断改进激励导向功能、落实立德树人根本任务、健全以素质教育为导向的质量评价体系等理念已散见于各章之中。

校本评价以学校为主体，以调整和改进本校的教育教学工作，促进学生、教师、学校更好发展为核心价值取向，是基于学校理念和学校特色，达成学校发展目标的自我参照评价。校本评价是一个动态的考察过程，它反映的是工作的持续改进，是从发展的视角对工作绩效的评价，而不是简单的以最终结果为标志。在中考高考的巨大压力下，许多学校完全追随外部评价，偏离了校本评价的轨道，在评价理念上强调甄别与选拔，注重考察学生的知识与技能，忽视学生情感态度价值观以及核心素养的培养，在评价的目标、标准、内容、方法以及功能等方面也丝毫没有"校本"的影子，忽视了评价的诊断与激励功能，成为外部评价在校内的"延伸"。

2020 年 10 月，中共中央、国务院印发《深化新时代教育评价改革总体方案》，这是新中国第一个关于教育评价系统性改革的文件。针对不同学段的特点，分类分层设计了教育评价改革思路，并明确了改革措施和实施路径。对义务教育阶段学校要重点评价促进学生全面发展、保障学生平等权益、引领教师专业发展、提升教育教学水平、营造和谐育人环境、建设现代学校制度以及学业负担、社会满意度等情况。对普通高中要求其主要评价学生全面发展的培养情况，突出实施学生综合素质评价、开展学生发展指导、优化教学资源配置、有序推进选课走班、规范招生办学行为等内容，从而使学校有活力、教师有创新、学生有自由。要创新评价工具，利用人工智能、大数据、区块链等现代信息技术，探索开展学生各年级学习情况全过程纵向评价、德智体美劳全要素横向评价，以大数据技术完成教育评价数据的采集，以互联网手段完成教育评价数据的传递，以云存储进行教育评价数据的存储，以区块链技术保证教育数据的真实，以人工智能完成教育评价数据的处理，为精准引导、鉴定、诊断、调控和改进教育提供科学依据。《总体方案》首次系统提出"四个评价"，即改进结果评价，强化过程评价，探索增值评价，健全综合评价，对扭转教育功利化倾向将发挥重要作用。改进结果评价和强化过程评价，是从时间的长度上兼顾过程和结果，不仅要结果导向，更要注重过程监管，重在拓展评价维度，调整评价指标权重，增加评价主体，规范评价程序，升级评价手段。健全综合评价，是从横向的宽度上要综合多方意见、采取多种方法、运用多个角度来进行评价，是推动学校、教师和学生评价指标的多元化，以全面立体反映教育的水平和质量。探索增值评价，是从纵向的高度上注重对评价对象的比较，不仅要看绝对值，对相对进步也要给予科学评价，力求把学校、教师、学生的努力程度和进步水平纳入评价，引导教师实施个性化教学，让学校兼顾所有学生的发展和进步，引导不同客体多元发展。四者相互独立又内在关联互补，构成了一个立体、全面、动态的评价体系，覆盖教育长跑的终点、过程和起点，为新时代教育评价制度构筑了新基石。

置身快速变革的新时代，系统思考和推进未来学校建设，在学习范式上，创客学习、情景学习、体验学习等以学生为主体的新型学习将成为主流追求；在教育场域上，将打破固化的组织形态，采用弹性的学制和扁平化的组织架构，管理者、教育者、受教育者及其他教育相关者之间，形成一种以知识的生产、传播、消费和传承为依托，以人的培养、发展和提升为旨归的教育共同体，践行智慧学习等场域的转变和应用；在教学方法上，情境探究性、体验式、项目化、问题化和游戏化等方式将增加，推行启发式、探究式、参与式、合作式等教学方式以及走班制、选课制等教学组织模式，提高学生在真实情境下创造性解决问题的能力，培养学生创新精神与实践能力。发现和尊重受教育者个性差异，给每个学生提供量身定制的、最适合的教育，满足其多样化的学习需求，尽可能地促进受教育者在德智体美劳等方面自主、和谐、能动地发展并形成优良个性，让孩子潜能得到最大激发，实现学生全面而有个性的发展，是未来学校努力的方向。学校应该是一个提供人们生活和发展的地方，而不仅仅是一个完成目标的工具，学校不仅是一个为学生未来发展作准备的地方，而且也是学生、教师、校长生活、成长和追求发展的地方。既要仰望星空，又要脚踏实地，校本治理不仅仅是为了保证学校的教育教学工作的正常开展，更重要的是把学校建设成为师生共同的精神家园。在这个家园里，教师和学生有着共同的奋斗目标，教育者和受教育者在多边互动的实践活动中共同发展，开发自己的潜能，感受到自我价值的实现。学校应成为师生的精神港湾，安顿心灵，慰藉成长。

学校具有鲜明的时代性，每个时代的学校都带有那个时代的特征。从庠序到私塾，从古代官学到现代公立学校，无一不是时代变迁的产物。随着"互联网+"时代的全面到来，人工智能技术必然会塑造出新的学校形态及教育生态，教育管理、学习空间、学习方式、课程体系等都会发生新的变化，也将会改变教育的发展方向。人工智能可以充分挖掘纷繁复杂的教育大数据，从而赋能教育治理，促进决策的科学化和资源配置的精准化，加快形成学校治理体系和治理能力现代化。尽管如此，教育的本质并不会因信息技术的介入而发生改变，教育传承文化、创新知识和培养人才的本质不会变，立德树人的根本目的也不会变。[92]教育不纯粹是学生对知识和技术的掌握，更重要的是学生生命的成长与发展。在这个变革的时代，教育需要改变，也需要定力和坚守，即使未来先进技术的发展水平再高，但技术只能帮助教育加快建构、丰富资源、增进反馈，不能代替教育过程中的情感体验交流。教育是有情感有灵魂的事业，只有从学生身心需求出发，让教育回归到使每个人生活更美

---

[92] 曹培杰. 基于"互联网+"教育的学校结构性变革 [J]. 中国电化教育，2017(07): 12.

好的本质，才是真正好的教育。学校既要主动对接时代需求，积极探索信息时代教育的变革路径，促进信息技术与教育教学的全面深度融合。同时，还要坚守教育的本质，回归教育的本源，把互联网思维与先进的教育理念、灵活的教学方式以及开放的办学格局结合起来，实现教育创新，把更多的选择权交给学生，把更多的创造权交给老师，把更多的办学权交给学校，让未来学校真正成为学习的乐园。

未来的教育，必将是教育与科技的深度融合，但教育的最终目标，并不是用技术抹去教育的温情，而是借助技术的力量让教育在激发禀赋、点燃智慧上发挥更有效的作用，让教育回归到以人点亮人的美好。每一个人都是一个独一无二的生命体，蕴藏着独特的天赋、气质、价值，具有无限发展的可能性，要尊重个性、激发潜能，为学生提供更具个性化的服务，努力创造适合每个人发展的教育，与生命同行，让生命美好，让每一个生命都得到和谐而充分的发展，让教育成就每一个孩子成长的梦想，迎接和拥抱新时代学校教育的崭新图景。这正是校本治理的意义和价值所在。

教育，立足现在，植根历史，融通中外，走向未来！

后　记

2007年，我参加清华大学——澳大利亚国立大学管理硕士教育项目学习，毕业论文为《普通高中以教师专业发展为导向的校本管理模式与策略》。我的导师、清华大学教育研究院研究员阎贵芝老师在审阅论文后，及时给我复信，勉力我继续研究下去。

岳金辉同学：

你好！

我阅览了你的毕业论文感到写得不错，优点主要有：

1. 对校本管理的渊源、理念、发展、目标、意义、实现方式等内容做了一个全面的总结和比较，资料翔实，条理清晰。

2. 对于校本管理在我国的实施作出了比较深入的研究，探讨了具体实施的背景与条件：既看到其意义与优势，也描述出了其有可能遇到的困难，讨论切合实际，且言之有物。

3. 在探讨以教师专业发展为导向的校本管理模式过程中，理论与实践相结合，关于你任职学校的实例分析有其代表性和广泛性。

关于此项课题可继续深入研究下去，对于实施校本管理所面临的我国具体国情、人才选拔制度、教育法律政策背景以及教育行政部门职能转换等问题都可以进一步探讨。

在论文开题和答辩时，滨州老乡、时任国家发改委宏观经济研究院研究

217

员、清华大学中国经济研究中心博士生导师的常修泽先生也提出了许多有价值的建议。在各位老师的精心指导下，该论文被评为清华大学优秀硕士论文。十几年来，在老师们的鼓励下，我始终关注"校本管理"这一课题。

校本管理是以学校为基础的管理，其核心是强调教育管理中心的下移，强调政府及教育行政部门给予学校更大的权力和自由，使学校成为自我管理、自我发展的主体，促进校内人、财、物等各种资源的合理配置，使教师、家长、学生、社区更多参与学校决策，更有利于学校、教师和学生的共同发展，提升学校的教育质量。

2015 年，在联合国教科文组织发布的《反思教育：向"全球共同核心利益"的理念转变？》报告中，反思了教育作为公益事业理念的局限性，"共同利益"是对原有教育的"公益性"和"公共产品"性质的超越，必然推动教育治理走向全民共建共享的新阶段，提倡多元共治、合作协商、平等包容，以便共同致力于目标的实现。

党的十九大开启了国家治理体系与治理能力现代化建设的新时代，建构"共建共治共享"的治理新格局已经成为教育改革的重要使命。从学校管理走向学校治理，从政府为主体的管理到多元主体共同参与的治理，不只是学校管理策略的变化，而是学校管理哲学要从"传统的自上而下的科层制管理"转向"多主体参与的民主化管理"。从单纯地把管理当作一种效率提升的手段，到学校利益主体基于对学校品质和学生发展的共同追求，对学校课程、教学、管理等教育公共事务进行平等参与和民主协商的实践，这个过程就有了丰富的治理内涵和明确的治理特征。总之，学校治理是一种多元参与的管理形态，强调多元参与、法治精神，以自治、共治求善治。现代学校制度的基石是治理，要培养学生多元化发展，培养学生核心素养，学校就要有活力，就要求政府对学校放权赋能，共享学校管理权利，共担学校发展责任。

本书基于"治理—教育治理—学校治理"之间的逻辑关系和"学校管制—学校管理—学校治理"的发展阶段，在"校本管理"的基础上提出了

"校本治理"的概念。从政策层面上看，校本治理是教育治理在学校层面的具体化，是体现民主参与的重要载体，以构建政府、学校、社会新型关系为核心，形成政府宏观管理、学校自主办学、社会广泛参与的新格局。从形式上讲，校本治理是超越以往管理形态，走向自主与合作的实践变革，强调多元主体共同参与，完善教育治理体系，建立协商式的教育决策机制。从本质上分析，它反映的是国家与学校之间权责关系的重构，校本治理首先意味着权力下移到学校，通过权力和责任的合理配置，重构现代学校价值体系和制度，形成学校各办学主体的利益表达机制，建立一系列民主协商的程序、规则和机制，政府、校长、教师、学生、社会组织、教育专家、家长和社区等都可以在学校公共事务中扮演更加重要的角色。在改革实践上，则是推动"教育管办评分离"改革，在学校自主办学、学校法人治理、学校章程建设、现代学校制度建设等方面进行制度和机制的重构，建立动态化的放权赋能制度，形成各主体平等合作、民主参与和科学决策的制度，形成上下贯通的动态沟通机制。

从开始关注"校本管理"，到本书定稿时确立"校本治理"主题，前后跨越了十多年。本书是关爱和温暖的结晶，汇集了我的老师、领导、同事、同学、亲人、朋友的智慧和无私奉献，有的帮我提炼观点，有的帮我查找翻译文献，有的帮我校正润色文字，有的给予时间和情感上的支持，让我不断收获温暖和感动。感谢生命中关心帮助过我的每一位亲人！谢谢这个世界给予我的诸多幸运和包容，人生是一趟心灵的旅程，我会带着岁月赐予我的一切美好继续前行！

写作中，参考了中外学者的大量文献，参考或引用了不少先辈和同仁的研究成果，他们的观点对我产生了一定的启发，在此一并致谢。书中如有不足，敬请各位读者和专家批评指正！

岳金辉

2022 年 2 月